권력이란
무엇인가

개념어총서 WHAT 002

권력이란 무엇인가

초판1쇄 펴냄 2009년 11월 10일
초판4쇄 펴냄 2022년 6월 1일

지은이 이수영
펴낸이 유재건
펴낸곳 (주)그린비출판사
주소 서울시 마포구 와우산로 180, 4층
대표전화 02-702-2717 | **팩스** 02-703-0272
홈페이지 www.greenbee.co.kr
원고투고 및 문의 editor@greenbee.co.kr

편집 이진희, 구세주, 송예진, 김아영 | **디자인** 이은솔, 박예은
마케팅 육소연 | **물류유통** 류경희

ISBN 978-89-7682-333-5 04100 | 978-89-7682-331-1(세트)

독자의 학문사변행學問思辨行을 돕는 든든한 가이드 _(주)그린비출판사

개념어총서

—

002

권력

지은이
이수영

WHAT

그린비

사실 질문 방식을 바꿔야 했을 것이다. "권력이란 무엇인가?" 이는 어쩌면 잘못된 제목인지도 모른다. 본질이 있든 없든 '~은 무엇인가?'와 같은 질문 방식은 질문의 대상을 하나의 실체로 만든다. 아름다운 것이 어떤 것인지 묻는 대신 미美가 무엇인지 묻는 것, 정의가 어디에 있는지 묻는 대신 정의가 무엇인지 묻는 것, 어느 정도의 선善이 선한 것의 본성에 어울리는지 묻는 대신 선이 무엇인지 묻는 것. 이 모든 물음의 방식은 플라톤주의적이다. 미가 무엇인지 물었을 때 소피스트들은 아름다운 사물들을 거론했다고 한다. 물론 이런 대답이 잘못된 것이고 바보 같은 것이겠지만, 그렇다고 미가 무엇이냐고 묻는 방식이 현명한 것은 아니다. 미라는 본질이 하나의 사물처럼 존재하는 것이라면 그것이 무엇인지 정의내리기는 쉬울 것이다. 그러나 형편이 이와 정반대라면 어떻게 할 것인가?

권력에 대한 질문이야말로 바로 이렇게 곤란한 형편을 드러내는 대표적인 질문이다. 예컨대 베르그손의 고유한 질문 방식이 있다. 사물 A의 본성을 물었을 때 사물 B와 관련된 차이를 들어 얘기할 수도 있을 것이다. 그런데 만약 사물 B를 생각할 수 없는 상황이라면 사물 A를 어떻게 정의내리는 게 좋을까? 다시 말해 사물 A는 왜 다른 것이 아니고 하필 A인가? 시속 30km보다 빠른 40km가 아니라 왜 하필 40km인가? 왜 다른 비율이 아니고 이런 비율인가? 다른 사물과 비교하지 않고 사물 그 자체를 정의할 수 있는 방법이 무엇인가? 다시 말해 그 사물 자체를 드러내는 그 사물의 본성은 무엇인가? 그것은 바로 '차이'다. 스스로 차이 나면서 존재하는 것, 그것이 바로 그 사물 자체다. 이렇게 본다면 실체적 본성을 갖는 하나의 사물조차 '무엇'의 질문에 해당하는 불변의 본성을 갖는다기보다는 '어떻게'나 '어느 정도'에 해당하는 변이의 본성을 갖는다고 할 수 있을 것이다.

하나의 발언도 누가 하느냐에 따라 그 의미가 다르고, 어디서 하는가에 따라 그 의미가 달라진다. 그런데 '무엇인가?'라는 질문은 불변의 고정된 본질을 전제하는 것이라 상황과 조건의 변이를 고려할 수 없게 만든다. 그래서 사실 여기서 "권력은 무엇인가?"라는 제목은 좀 복잡하지만 "권력은 언제, 어디서, 누구와 함께,

어떻게, 어느 정도로 작동하는가?"라는 의미를 갖는 것으로 생각해 줬으면 한다. 권력은 사물처럼 누가 소유하고 넘겨줄 수 있는 그런 실체가 아니다. 권력은 명사가 아니라 동사다. 움직이고 작동하는 것이라 '무엇'의 질문 방식으로는 포착할 수가 없다. 차라리 '어떻게'의 대상이라고 할 것이다.

쉬운 예를 들어보자. 벤담의 '일망감시장치'가 있다. 감시탑의 창문으로 죄수들의 행동을 감시할 수 있지만, 죄수들은 감시탑에 누가 있는지 볼 수 없다. 그래서 감시원이 없더라도 죄수들은 자신의 행동을 규율에 맞춰야 한다. 이때 수천의 죄수들을 통제하는 권력, 수천의 죄수들의 마음과 육체를 동시에 통제하는 무소불위의 권력은 누가 쥐고 있는가? 감시원이 없어도 통제된다고 할 때 우리는 권력을 소유한 자를 찾을 수가 없다. 일망감시장치에서 권력은 건물의 건축학적 배치와 시선의 조절을 통해 그냥 '작동'하는 것이다. 권력이 하나의 실체적 사물이 아니라 작동한다는 것. 따라서 우리는 그 권력이 언제 어떻게 어느 정도로 작동하고 있는지 살펴야 한다.

이렇게 권력의 작동양상을 살피는 일은 우리 시대 새로운 희망을 구성하는 일이기도 하다. 사물로서의 권력, 그 권력의 찬탈이라는 이미지, 이것들이 과거 사회를 바꾸고자 했던 이들의 상상력이었다. 그런데 권력을 찬탈했음에도 불구하고 왜 사회는 하나도 바뀌지 않았으며, 심지어 더 열악해지기만 했던 것일까? 그건 찬탈했다고 해서 폐지할 수 있는 게 권력이 아니기 때문이다. 좋은 권력을 행사한다고 믿었던 사람들이 작동시켰던 실제적이고 일상적인 권력은 엄청나게 억압적이었다. 우리의 욕망을 구성하는 미시적인 권력, 우리의 신체적 습속을 장악하고 있는 미시적인 권력의 작동 양상을 파악하지 못하는 한 어떤 혁명도 반혁명이 될 수밖에 없다.

사회를 당장 개조하고 바꿔 줄 수 있다고 말하는 근본혁명의 주장들, 이런 모든 지름길들은 실상 우리로 하여금 길을 잃게 하는 지름길이라는 사실에 주의해야 한다. 성급한 혁명과 개조에 대한 선망, 그리고 좌절. 이때 피어나는 절망과 냉소는 삶의 심연과 비밀을 남보다 깊이 알았던 자의 지혜라기보다 권력의 속성에 대한 무지에 기반한 것이라고 해야 한다. 우리는 당장 우리를 바꿀 수 없다. 어느 누가 과거로부터 자유로울 수 있단 말인가? 어느 누가 권력의 배치로부터 자유로울 수 있단 말인가? 권력에 대한 찬탈이 아니라 권력의 작동방식을 바꾸는 것, 이것이 우리의 과제다. 그리고 이 과제를 위해서라도 권력의 작동양상을 알아야 한다. 명사가 아니라 동사로서의 권력을 안다는 것, 그것은 권력 없는 삶이 아니라 권력의 배치와 작동방식을 바꾸는 삶에 대한 꿈이다. 그럴 때 우리는 너무 이르게 절망하지 않아도 되며 냉소의 비웃음을 간직하지 않아도 된다. 세상이 그렇게 쉽게 변하지 않는다거나 세상은 결코 바꿀 수 없다거나 나아가 바꿔 봤자 대수로울 게 없다는 제스처들도 불필요하다. 우리가 권력을, 그 권력의 동사적 본성을 아는 만큼 삶도 동사적으로 변한다. 삶도 꿈틀거리며 변이하기 시작한다.

2009년 가을

이수영

C O N T

권력을 사유하는 이유 : 우리는 누구인가?

권력에 대한 80년대 상상력 : 혁명의 좌절과 허무의 심연
2008년 5월 2일 : 촛불봉기와 근대권력의 문턱

• 권력을 사유하는 이유 : 우리는 누구인가?

권력에 대한 80년대 상상력 : 혁명의 좌절과 허무의 심연

'권력'을 다시 사유해야 하는 이유 두 가지를 먼저 살펴보자. 하나
는 1980년대의 경험이고, 다른 하나는 2008년의 경험이다. 우선
80년대 경험. 1980년대 군사정권의 강압적 통치에 대항하는 운
동세력들의 상상력은 어떤 것이었을까? 나도 물론 예외가 아니
었는데 그것은 한마디로 바리케이드와 탈취의 상상력이었다. 바
리케이드를 치고 싸우는 전투의 장면처럼 여기서 적과 우리 편은
명확하게 구분되었다. 전경들의 방패 저쪽에 있을 것 같았던 해
방의 공간. 밤이 깊을수록 새벽이 밝아 오리라던 수사적 상상력.
이곳의 억압과 저곳의 해방, 이곳의 어둠과 저곳의 밝음. 밝음과
어둠은 절대 섞일 수 없는 것이라, 삶은 당연히 희망 아니면 절망
의 두 범주 아래 묶여 있어야 했다.

그런데 군부독재에 항거하던 그 전투적이고 강력했던 운동의 대오를 단번에 무너뜨린 사건이 있었으니, 그것은 공산주의 국가 소련의 해체와 자본주의적 방향으로 진행된 독일의 통일이었다. 그토록 먼 이국에서 일어난 사건이 한국의 운동을 궤멸시켜 버리고, 동시에 수많은 청춘들로 하여금 자살의 행렬에 뛰어들도록 만들 수 있었다니. 어떻게 그럴 수 있었을까? 삶에 대한 의욕이 한순간에 죽음의 의지로 향하던 저 참혹했던 순간. 죽지 말고 싸워야 한다고 했지만 그런 다독임도 허무주의적 절망 앞에서는 맥을 못 추었다.

왜 그랬을까? 여기에는 권력에 대한 어떤 특정한 규정도 한 켠에 숨어 있었던 것 같다. 국가를 탈취해 악한 정부를 선한 정부로 바꾸면 사회주의 혁명이 가능할 것 같았는데, 그만 저 사회주의권이 붕괴하고 만 것 아닌가. 혁명의 출구가 막힌 것이다. 국가를 탈취해도 혁명은 성공하기 어렵다는 절망감. 전망의 상실은 이제 모든 것이 무의미해지고 무가치해졌다는 허무주의를 낳고 말았다. 그리고 그런 허무주의가 벌린 커다란 심연 속으로 젊은이들이 자신의 생명을 던져 넣기 시작했다. 분신자살하던 젊은 청춘들의 행렬! '허무주의'nihilism에서 '허무'nihil는 '존재하지 않음' 혹은 '비-존재'를 뜻하지 않는다. 그것은 모든 가치로운 것들의 무가치를 의미한다. 진보, 자유, 평화, 평등, 민주주의라는 고귀한 가치들. 부정적인 권력 집단이 억압하고 있기에 향유할 수 없었던, 하지만 꿈속에서라도 누리고 싶었던 저 가치로운 것들이 이제 무가치해져 버린 것이다. 삶의 전망을 상실한다는 건 그토록 무서운 것인가 보다. 니체의 말대로 인간의 운명 배후에 '헛되다!'라는 거대한 말이 후렴으로 울려 퍼지고 있던 시대였다. 도대체 인간이 무엇 때문에 존재하는지 알 수도 없어져 버린 시대.

정말 사회를 바꾸겠다는 희망은 영영 사라졌는가? 한때는 그렇게 느껴졌다. 세상의 변화를 위한 모든 것들은 아무짝에도 쓸모없게 보였다. 차라리 죽을 힘조차 없었던 무기력의 시대. 그런데 우습게도 이런 허무주의와는 상관없이 우리가 '민중'이라 불렀던 사람들의 투쟁은 계속되었다. 후쿠야마Francis Fukuyama가 말한 '역사의 종말'이라는, 저 자본주의자들의 승리 선언을 수용할 수밖에 없었을 허무주의의 공간에서도 생존과 민주와 자유를 향한 싸움은 그치지 않았던 것이다. 아무리 그래도 이 청동처럼 견고한 세상을 무너뜨릴 수 없을 거라는 냉소와 체념을 앞에 두고서도 싸움은 계속되었다. 어쩌면 삶이란 원래 이런 게 아니었을까? 우리는 삶을 잘 모르고 있었던 것 같다. 더 고귀해지고 더 자유로워지기 위한 싸움은 누가 나에게 명령하는 도덕적 의무가 아니라 삶의 내부에서 자발적으로 나오는 흐름이라 그토록 강력한 허무주의로도 막아 낼 수 없는 것이 아니었을까? 삶에 절망하고 있는 자들의 시선에 그것이 비록 무가치하게 보일지라도 삶은 그런 자들을 상관하지 않는 법이다. 싸우지 않으려 해도 싸우게 하는 것이 바로 삶이기에.

　이 이상한 두 길의 중첩, 즉 혁명의 불가능성 앞에서 좌절한 죽음의 의지와 그런 것에 도무지 관심이 없는 투쟁적 삶의 의지의 중첩은 당시의 허무주의를 다시 사유케 했다. 그 시대의 허무주의가 암울한 시대정신이었다 할지라도 그것이 꼭 삶의 전부는 아니지 않겠는가, 행여 일말의 삶을 보여 준다 해도 그건 삶에 대한 특정한 태도에서 비롯된 섣부른 절망이 아니었겠는가, 하는 의문을 품게 만들었던 것이다. 비로소 삶을 조금 알게 되었다는 느낌은 이 의문과 함께 나타났다. 그리하여 삶이 무엇인지에 대해 다시 질문을 던져야 할 때가 도래했다. 이것은 동시에 '권력'의 개념을 다시 사유하도록 만들었다. 지금의 삶이 우리가 원하는 삶이 아니었다고 판단될 때 늘 권력이 그 삶에 대한 길을 가로막고 있다고 생각했기 때문이었다. 삶과 권력은 도대체 어떤 관계에 있길래 우리는 권력 앞에 좌절하고 삶 앞에 무릎 꿇었던 것일까?

　한때 삶과 권력은 서로 분리되어 있는 것으로 생각되었다. '민주와 자유를 억압하기 위해 권력을 악용하는 지배집단'이라는 생각 자체가 바로 삶과 권력을 따로따로 고찰하는 전형적인 태도다. 그런데 자세히 보면 그렇게 '권력을 악용하는' 것도 하나의 삶 아닌가. 불평등하고 부자유하고 비민주적인 환경이 자신의 삶을 영위하기에 더 적당한 사람들이 있는 반면, 평등하고 자유롭고 민주적인 환경이 더 유리한 사람들이 있는 법이다. 그래서 평등하고 자유로운 삶에 대한 욕망은 그 자체로 불평등하고 부자유한 삶의 조건들과 대립할 수밖에 없다. 가부장적 남성이라면 분업화되고 위계화된 가정이 천국이겠지만, 여성에게 그곳은 지옥이 되고 만다. 동일한 '가정'도 어떤 삶을 살고 어떤 삶을 지향하는가에 따라 '천국'과 '지옥'처럼 전혀 다르게 해석되고 평가된다. 그런데 사회적으로 남성의 권력이 더 강하기 때문에 당연히 그런 봉건적이고 가부장적인 가정은 사회적으로 '천국'이 되어야 한다. 그래서 지옥 같은 가정에서도 여성은 그런 위계화된 권력 구조를 받아들여야 하고 그곳을 천국으로 여기며 살아야 하는 것이다.

이렇게 가부장적 권력 구조에 포박된 여성은 자기보다 어린 여성에게 이런 질서를 강요하면서도 그것이 강요인 줄 전혀 지각하지 못한다. 가혹한 시집살이를 말 없이 견디는 것이 여성의 덕목이라고 며느리에게 친절하게 가르쳐 주는 시어머니. 이렇게 볼 때 특정한 삶은 특정한 권력의 구조를 파생시키고, 이런 구조 속에서 특정한 가치관과 평가 방식이 생겨난다는 사실을 알 수 있다. 남성의 우월한 권력은 단순히 주먹의 힘이 세기 때문에 생겨난 것이 아니다. 가정사와 세상사 모든 것들을 특정한 평가 방식에 따라 해석하게 하는 것, 그것이 남성의 삶이고, 여성조차 포박하면서 그런 해석에 맞춰 살도록 강요하는 것이 가부장적 위계질서를 갖는 권력 구조인 것이다. 따라서 특정한 삶은 특정한 권력의 표현이며, 특정한 권력은 특정한 삶의 표현이다. 아무리 그곳이 지옥이라고 평가해도 그런 평가가 통용되지 않는 것은 특정한 평가만을 허용하는 게 권력이기 때문이다. 우리의 삶은 가치평가 없이는 이뤄지지 못한다. 그리고 가치평가 자체가 권력이며, 그런 권력은 특정한 삶의 표현이다.

'가정' 그 자체는 없다. '삶' 그 자체도 없다. 당연히 '세계' 그 자체도 없다. 개미가 보는 세계와 인간이 보는 세계가 같을까? 물론 다를 것이다. 따라서 세계 그 자체는 없으며, 대신 특정한 누군가가 보고 해석하고 평가하고 실천하는 세계만이 있을 뿐이다. 이것이 니체의 '관점주의'다. 우리는 우리의 관점으로만 세계를 지각하고 평가하는 것이다. 그리고 평가 자체가 하나의 삶이고 권력이다. 따라서 사람이 다르면 평가도 달라지고 삶도 달라진다. 지옥 같은 가정을 천국이라고 해석하는 가부장적 삶 속에서 그런 해석을 거부한 여성은 삶으로부터 추방된다. 그런 가부장적 삶만이 통용된다는 것이 바로 삶과 권력이 분리되어 있지 않다는 증거다. 우리가 선택한 특정한 삶은 타인과의 특정한 권력관계를 갖는 삶이며, 이 권력관계에서는 특정한 가치평가만이 용인된다.

남성만이 아니라 여성과 어린아이까지 포획하는 가부장적 가치관은 위계적이고 억압적인 본성을 가진 사람들에게 유리한 가치관이다. 모든 남성이 그런 것은 아니지만 대부분의 남성은 이런 가치관 속에서 편안함을 느낀다. 따라서 가부장적 가치관은 남성적 본성의 유지와 보존, 그리고 지배에 대한 생리학적 요구를 표현하고 있다고 볼 수 있을 것이다. 즉 남성적 본성의 삶 자체가 그런 해석 방식을 원하는 것이고, 그런 해석 방식으로 지배하길 원하는 것이다. 이것이 니체가 말하는 '권력의지'이다.* 삶은 권력에 대해 바깥에 있는 것이 아니다. 삶은 곧 권력이고, 권력은 인간들의 특정한 관계를 정초한다. 그것이 억압적인 것이든 평화로운 것이든 상관없이. 이처럼 우리가 무엇을 하든 그건 우리들 힘(권력)의 표현이다. 인간의 내면에서 수많은 충동들이 서로 지배하기 위해 싸우고 있듯이 삶은 지배와 복종의 투쟁관계를 숙명으로 한다. 그리고 삶이 하나의 해석이듯이 권력의 투쟁은 기존의 가치들과의 투쟁이 되지 않을 수가 없다. 권력들의 투쟁은 외부의 명령이 아니라 삶에 내재하는 운명이다. 따라서 가치들의 전쟁, 새로운 가치의 부상, 기존 가치의 몰락과 같은 삶의 위기들은 누구의 잘못이 아니라 삶으로부터 자연스레 흘러나오는 생성의 발로인 것이다. 위험과 위기가 없는 삶은 존재하지도 않는다. 왜냐하면 권력은 더 많은 지배를 원하고, 새로운 지배를 원하는

---

* 특히 『도덕의 계보』 제3논문에서 니체는 특정한 해석술(가치평가)이 특정한 생리적 삶의 지배의지, 즉 권력의지의 표현이라고 말하고 있다. 고통을 잘 견디지 못하는 허약하고 병든 자들은 이 세계의 고통을 자신의 죄 때문이라고 해석하고는 자책의 삶을 살면서도 이런 삶을 다른 모든 사람들에게 강요하려 한다. 이런 해석술의 통용이 곧 약자들의 지배이며, 약자들은 이를 통해 자신의 우월함을 확인한다. 이것이 약자들의 권력의지이다. 무력한 약자도 이런 권력의지의 삶을 사는데 하물며 강한 자는 어떻겠는가. 이런 점에서 모든 생명체를 지배하는 것이 권력의지라 할 수 있고, 생명체들의 투쟁을 낳는 것도 권력의지라 할 수 있다.

것이라 파괴와 창조의 망치질을 멈추지 않기 때문이다.

　이런 점에서 저 먼 나라의 일이 우리의 희망을 송두리째 가져가 버린 치명적인 사건으로 다가온 까닭은, 혁명을 추동하던 권력의 상상력이 맞이했던 특정한 궁지에 있었다고 할 수 있다. 당시 혁명의 상상력과 그에 따른 절망에는 권력에 대한 특정한 관점이 내포되어 있었다. 권력을 누군가(주로 악한 인간들) '소유'하고 있다는 것, 그것을 '선한' 민중의 힘으로 뺏어 와야 한다는 것. 이것이 바로 그 시대 권력에 대한 이미지라고 할 수 있을 것이다. 그런데 그렇게 오용^{誤用}할 수 있는 '실체'가 과연 권력의 올바른 의미라고 할 수 있을까? 그렇다면 그 '권력'을 탈취하는 데 성공해서 그 '권력'을 선용^{善用}하려 했던 사회주의권의 붕괴는 도대체 어떻게 설명할 것인가. 권력을 '탈취'한다고 삶이 꼭 좋은 쪽으로 바뀌는 게 아닐 수도 있지 않은가. 따라서 권력은 그렇게 꼭 악하고 부정적인 자의 손에 있는 것만은 아닐 수도 있겠다.

　권력에 대한 탈취의 상상력은 권력의 속성을 부정적인 것으로 간주하는 경향이 있다. 권력에 대한 '야망'은 선인보다는 악인의 특징으로 느껴지고, '권력욕'은 '지식욕'이나 '예술욕망'에 비해 저차원적인 것으로 느껴진다. 그러나 권력은 욕망할 수 있는 대상이 아니다. 특히 니체의 '권력의지'는 권력을 어떤 의지의 목적으로 간주하는 그런 의미와는 관련이 없다. '권력을 욕망한다(의지한다)'는 표현은 권력을 욕망할 수 있는 하나의 사물처럼, 특히 나쁜 사물처럼 간주하고 있다는 뜻이다. 그리고 그런 나쁜 사물로서의 권력은 대개 돈, 정치적 권력, 무력武力과 같은 것이 된다. 현재 누구에게나 받아들여지는 권력의 목록은 이렇게 부정적인 덕목들뿐이다. 부정한 지배자나 몹쓸 국가만 갖고 있는 것, 그래서 자신들에겐 부재하는 권력. 권력을 갖고 있지 못한 '민중'들이 이 세상을 부패와 악의 아수라장으로 만들었을 리는 없다. 그러니 당연히 책임은 저 지배자 측에게만 있고 민중은 참으로 깨끗하고 선한 존재로 남는다.[*] 그렇다면 권력을 찬탈하려는 민중들의 의지는 어디서 나오는가? 이것도 하나의 삶의 의지, 혹은 권력의지의 표현이 아니겠는가. 그러므로 권력은 삶과는 필연적인 관련이 없는 그런 사물이 아니라 삶 자체라고 할 수 있다.

우리는 '권력'을 삶과 분리해서는 안 된다. 권력은 모든 이들의 삶에 내재하는 것이라 권력의 발휘와 작용에서 벗어날 수 있는 존재는 없다. 그리고 힘이 강하거나 약하다는 특정한 느낌을 가질 수 있는 것이 그것과 대립하는 다른 힘이 있기 때문이듯이, 권력은 다른 권력과 대립하고 경합하는 복수적複數的 다양성을 그 특성으로 한다. 지배권력이 있으면 피지배권력도 있는 법이다.

---

[*] 이런 점에서 니체는 19세기 사회주의 운동에 대해 큰 불신감을 갖고 있었다. 이 세상 부패의 책임을 모조리 귀족과 지배계급에게 전가하는 자들의 순진함이 못마땅했고, 또한 그런 식으로 비난할 적을 만들어 내는 노예(약자)적 가치평가에 대해 실망했기 때문이다.

두 힘의 경합 속에서 어떤 결정이 이뤄지는 것이지 지배권력의 힘이 무조건적으로 관철되는 경우는 없다. 지배자가 무소불위의 권력을 휘두른다는 상식적인 관점은 권력을 부정적인 대상으로 간주하게 하고, 권불십년權不十年이라고 권력이 오래가지 않으니 차라리 권력에 대한 욕망을 접는 게 더 낫다는 체념의 정서를 강요한다. 그러나 권력은 내가 포기할 수 있는 욕망의 대상이 결코 아니다. 권력에 대한 체념조차 우리가 자신의 삶을 보존하기 위한 특정한 욕망의 표현, 니체의 개념으로 하면 그런 특정한 삶의 권력의지일 수 있는 것이다.**

그러므로 국가와 권력의 '탈취'만큼 해방의 사유 중에서 위험한 사유도 없는 셈이다. 탈취가 불가능하다고 느껴지고 심지어 그런 행위가 무의미하다고 느껴질 때면 반드시 삶을 방기해 버리는 허무주의를 낳는 법이니까. 오히려 권력을 뺏어 오고자 하는 그런 '탈취의 상상력'이 권력에 대한, 혹은 삶에 대한 오해를 낳는다고 할 수 있다. 권력을 탈취하겠다는 사유 자체 속에 자신은 권력작용에서 예외적 존재라는 잘못된 사고방식이 깃들어 있는 것

** '미적 관조'가 성적인 관심을 억제한다고 하면서 미적 상태야말로 의지에서 해방되는 최고의 효용이라고 찬양했던 쇼펜하우어의 철학이 실은 자신의 관능이 주는 고통에서 벗어나기 위한 생존의지(권력의지)에서 비롯된 것이라고 니체는 설명한다(니체, 『도덕의 계보』, 460~463쪽). 이런 점에서 금욕주의적 철학자는 욕망이 가져오는 생리적 고통에서 벗어나기 위한 몸부림(생존의지)을 금욕주의적 철학으로 표현하는 것일 뿐이다.

이다. 죽지 않고는 삶에서 벗어날 수 있는 존재가 없듯이 권력에서 벗어날 수 있는 존재도 없다. 모든 존재는 자신의 능력만큼 지배를 위해 살아간다. 물론 그 지배의 방식이 아주 다양해서 권력의 표현이 아닌 것처럼 속이기도 하지만 그렇다고 그것이 지배의 지의 표현이 아닌 것은 아니다.* 이제 바리케이드를 치고 권력을 탈취하기 위해 싸우는 투쟁 방식은 그 역사적 소명을 다한 것 같다. 권력은 적이 쥐고 있는 분명한 사물이 아니게 되었고, 이제 싸움은 더욱 힘들어졌다. 보이지 않고 자꾸만 위장하는 권력. 삶이 되어 버린 권력. 그러니 새로운 싸움의 기술을 찾기 위해서도 우리는 권력에 대해 재사유할 필요가 있다.

2008년 5월 2일 : 촛불봉기와 근대권력의 문턱

우리는 과연 그 '악한' 권력의 운용으로부터 자유로운 존재인가? 우리만은 모든 선⁂을 담지하고 있고, 사악한 저들만이 권력을 무지막지하게 휘두르는 존재인가? 권력을 소유한 자와 소유하지 않은 자의 이분법이 과연 현실을 설명할 수 있는 적당한 틀인가?

---

* 사랑, 순종, 인내, 용서 등 권력과 아무 관련이 없는 모든 '선'의 덕목들조차 하나의 권력의지의 표현이라는 사실을 보려면 니체, 『도덕의 계보』 제1논문을 참조하면 좋다. 그리고 권력, 권력의지에 대해 더 확실한 것을 알고 싶다면 『도덕의 계보』 제3논문을 일독하기를 적극 권한다.

아니 도대체 우리는 어떤 존재인가? 우리는 무엇을 욕망하고 무엇에 분노하고 무엇을 꿈꾸는 존재인가? 그리고 그런 욕망과 분노와 꿈은 어떻게 형성되었는가? 이런 무수한 질문 속에서 권력을 사유하는 두번째 이유가 나온다.

우리는 아무 때나 혁명할 수 있는 존재인가? 사회적 악이 존재할 때마다 우리는 혁명적 봉기를 일으킬 수 있는 존재인가? 우리는 혹시 역사적으로 형성된 존재, 그래서 그 조건으로부터 자유롭지 않은 존재는 아닌가? 2008년 5월부터 타오른 '촛불'을 보자. 0교시 자율학습과 반인권적인 교육, 비정규직의 확산, 한반도 대운하에 따른 환경의 파괴, 4대 민영화 문제 등 촛불의 이슈는 아주 다양했다. 그러나 이 다양한 이슈들, 다양한 대중들을 하나로 묶어 낸 것이 있었으니 바로 광우병 쇠고기 수입 문제였다. 정부가 미국산 쇠고기 수입 협상과정에서 광우병 발생의 위험이 있음에도 검역절차 등과 관련해 광범위한 양보를 한 것이 계기가 되어 '촛불대중'이 거리를 휩쓸었다.

그런데 하필이면 왜 광우병 문제에서 대중들이 폭발했을까? 민영화나 비정규직, 교육 문제 등도 청소년과 민중들의 삶에 있어 정말 중차대한 문제였지 않은가. 그런데도 이런 이슈들은 대중들을 한꺼번에 들끓게 하지는 못했다. 그런데 누구도 예상치 못할 정도로 대중들은 광우병에 엄청난 촉발을 받았고 유례없는 혁명의 움직임을 보여 주었다. 확률로 따져 봐도 비정규직이나 민영화가 야기할 문제보다 더 심각한 사안은 아니었는데도 대중들은 그런 논리적 절차에 따라 움직이지 않았다. 도대체 어찌하여 그것이 그렇게 심각한 문제였던가? 촛불봉기에 동의하지 않았던 사람들이 이해할 수 없었던 것이 바로 그것이었다. 아니 촛불봉기에 참여했던 사람들도 정확히는 몰랐을 수 있다. 이는 신체를 지배하는 미시적인 권력의 문제이며 무의식적 욕망에 관한 문제이기 때문이다. 차라리 쇠고기를 안 먹어 버리면 될 수도 있는 저 '사소한' 문제로 그렇게 수백만의 사람들이 광장으로, 웹으로 떼지어 몰려다니고 쏠리고 들끓었단 말인가?

『천 개의 고원』에서 들뢰즈와 가타리가 구별해서 쓰고 있는 '한계'와 '문턱'이라는 개념이 이 현상을 설명하는 데 아주 유용해 보인다.* 부부싸움을 하는 커플을 생각해 보자. 마지막 그 한마디만 내뱉으면 부부관계가 곧바로 이혼의 배치로 바뀌는 순간이 있다. 두 사람은 모두 거기까지는 이르지 않으려고 목소리의 크기나 강도, 내용 등을 조절하면서 싸울 것이다. 그렇다면 부부싸움을 끝맺게 하는 마지막 말은 어떤 것일까? 싸움이 끝나고 다시 화해하게 하는 마지막 말은 최종적인 말 바로 앞의 말이다. 최종적

---

* 들뢰즈·가타리, 『천 개의 고원』, 842쪽. "'한계'는 필연적인 재개를 가리키는 페널티엠 (끝에서 두번째 것)을 표시하며, '문턱'은 불가피하게 된 변경을 가리키는 마지막 것을 지칭한다."

인 말을 내뱉는 순간 결혼의 배치에서 이혼의 배치로 바뀌기 때문에 심각한 상황이 아니라면 굳이 부부관계의 배치를 바꿀 그런 말을 하지는 않을 것이다. 부부의 배치를 그대로 유지하게 하는 부부싸움의 마지막 말을 '한계'^{limit}라고 하고, 배치를 전환시키는 진정한 마지막 말을 '문턱'^{threshold}이라고 한다.

술을 즐기면서 마시는 사람도 마찬가지다. 그는 알코올 중독자처럼 무턱대고 들이붓는 게 아니라 대개 자신의 주량을 평가하고 조절해 가며 마시게 된다. 이런 그에게 '마지막 잔'은 잠시 쉬었다가 다시 마실 수 있는 '한계'를 의미하는 잔이다. 이 한계를 넘어서면 문턱이 나타나고, 그러면 그는 배치를 바꿔야 한다. 즉 1차에서 2차로, 다시 3차로 바꿔 가야 하는 것이다. 그런데 배치가 이보다 더 심각하게 전환되는 경우도 있는데 문턱을 완전히 넘어 버려 더 이상 마실 수도 없이 병원 신세를 져야 하는 배치로 들어가기도 하는 것이다. 이처럼 '한계'가 배치를 바꾸기 바로 전의 것이라면, '문턱'은 배치를 바꾸게 하는 마지막 것을 가리킨다.

이렇게 우리는 대개 이 '최후의 것'에 대한 평가를 바탕으로 어떤 행위를 하거나 교환을 한다. 다시 말해 '최후의 것'을 '한계'로 삼을 것인지 아니면 그 한계를 돌파해 새로운 배치로 전환될 '문턱'으로 삼을 것인지 평가하면서 자신에게 유리한 방향으로 행위하는 것이다. 다시 부부싸움의 경우를 보자. 남편과 아내는 각각 최후에 던질 말이 문턱을 넘어서도 자신에게 유리할 것인지 아니면 한계 안에 머무르게 하는 것이 유리할 것인지 평가하면서 자신의 발언 수위를 조절한다. 즉 한계를 넘어서는 데 따르는 위험을 평가하는 바탕 위에서 부부간의 말들의 교환이 이뤄지는 것이다. 만약 남편이 내뱉은 심각한 최후의 발언을 그냥 참고 받아들이는 게 좋겠다고 아내가 평가했다면 그녀는 배치를 바꾸지 않기로 결정한 셈이고, 아직까진 남편이 자신에게 유용한 존재라고 평가한 것이다. 경제학적인 용어로 표현한다면 아내에게 그렇게 험악한 말을 한 남편의 '사용가치'도 아직은 남아 있는 셈이다. 이때 남편이 한 최후의 말은 '문턱'이 아니라 '한계'가 된다. 그런데 이런 교환이 무의미하고 아무런 이익도 안 준다고 아내가 결정을 할 때, 남편의 동일한 말도 '한계'가 아니라 '문턱'이 되고 만다.

이처럼 우리는 늘 한계 안에서 평가하고 욕망한다. 한계까지는 참고 견디고 용서할 수 있지만 그 한계 안에서의 교환이 더 이상 아무런 이익도 가져다주지 않는다면 바로 배치를 전환시키는 문턱도 서슴없이 넘어 버리는 것이다. 그리고 이런 평가는 가장 나중에 생기는 게 아니라 최초의 항목 속에서도 이미 작동한다. 우리는 매 순간 어떤 사건을 한계로 받아들일지 문턱으로 받아들일지, 유불리를 따져 가며 행위한다. 그렇다면 이런 한계와 문턱 개념을 좀더 확장시켜 촛불의 군중과 관련해 살펴보도록 하자.

촛불봉기에 참여한 사람들은 고등학생, 대학생, 주부, 비정규직 노동자, 지식인, 농민, 이주노동자, 시민운동가, 일반 시민 등

아주 다양했다. 그래서 이 군중을 특정한 계급적 속성으로 분석하기는 어렵다. 대신 이 군중들이 어떤 한계와 문턱을 갖고 있는지를 특정한 정책적 사안에 대한 평가에 기초해 분석하는 게 좋을 것이다. 부부마다 한계와 문턱이 다르다고 하더라도 2000년대 한국 부부가 평균적으로 설정하고 있는 한계를 규정할 수 있듯이, 하나의 집단으로 묶을 수 없는 촛불군중도 집단적 평가 방식에서는 일정한 욕망을 형성하고 있을 것이다.

그런데 촛불군중의 욕망을 지배하는 한계에 대한 평가 방식이 추상적인 것일 수는 없을 것이다. 촛불군중도 역사적 존재이고, 평가 방식도 역사적으로 조건지어져 있을 것이다. 이렇게 우리는 역사적으로 형성된 특정한 배치 속에서만 특정한 것을 욕망하고, 특정한 것을 증오한다. 만약 특정한 집단이 최후의 것의 가치를 수용할 수 없다고 결정했다면 그들은 기존의 배치를 넘어서기 위한 움직임을 시작할 것이다. 광우병의 위험이 있는 쇠고기 수입 결정은 바로 '문턱'이었다. 군중은 더 이상 참을 수가 없었다. 왜? 광우병 쇠고기 수입이 결정된 직후 군중은 정부의 정책과 행정적 활동을 받아들일 수 있는 최후의 것의 가치에 비춰 봤을 때 더 이상 이런 배치를 유지할 이유가 없다고 판단했기 때문이었다. 왜? 바로 위생권력의 문제가 여기에 있었기 때문이었다. 촛불군중은 추상적인 존재가 아니라, 근대적 시간 속에서 위생과 건강을 사회적으로 중요한 것으로 간주하고 그렇게 개인을 관리해 온 위생권력에 의해 엔지니어링된 존재이기 때문이다.

근대사회는 개인의 건강을 국가적으로 관리하는 '질병의 정치학'을 통해 주체를 관리·통제하는 통치체제다. 물론 국가의 획일적인 관리는 아니지만, 그럼에도 개인의 육체와 사회체 전체의 건강과 질병을 집단적으로 관리해야 한다는 문제의식이 전 사회적으로 제기되었고 직접 실행된 체제다.(푸코, 『권력과 지식: 미셸 푸코와의 대담』, 205~216쪽 참조) 이제 질병은 개인적으로 겪어야 하는 것이기보다 사회 전체의 차원에서 중요하게 다뤄야 하는 대상이 된다. 특히 초기에 차단하지 않으면 인구 전체의 건강에 치명적인 영향을 미치는 전염병에 대해서는 극도로 민감하게 반응하는 것이 근대사회의 특징이다. 전염병 방역에 국가가 앞장서는 것과 동시에 그 사회 구성원들은 마스크를 쓰고 손을 씻고 하는 규율화된 행위를 자발적으로 수행한다. 심지어 영화 「괴물」에서 보듯이 사회체 전체의 건강을 위해서라면 국가가 개인의 자유를 자의적으로 구속해도 대부분의 사람들은 그것을 대수롭지 않게 여긴다. 그만큼 위생권력의 지배하에 포획되어 있기 때문이다. 전염병이 만연할 것이라는 위험 신호가 떨어지면 국가가 펼치는 위생적 조치를 따르지 않는 사람들에 대해서 국가가 앞장서기도 전에 이미 주민들 수준에서 그들에 대한 적대와 증오를 내보이기 시작하는 것이다.

개인의 건강이 곧 사회와 국가의 건강이라는 등식이 성립하는 시대가 근대사회다. 개인들이 자신과 타자의 경계를 명확히 분별하면서 타자로부터 옮겨 올 수 있는 세균과 질병에 대해 민감한 태도로 주시하는 것, 이것이 바로 위생권력이 작동하고 있다는 뜻이다. 권력은 바깥에서 총칼을 들고 위협하기보다 이제 개인이 알아서 위생관리를 철저히 하는 방향으로 내면화된다. 우리는 경찰의 무자비한 폭력에는 저항하지만 내면화된 위생권력에는 무력하다. 에이즈의 전염성을 걱정하는 사람들은 국가가 나서서 에이즈 보균자를 사회로부터 격리하는 정책을 실시해도 그것에 쉽게 반대하지 못한다. 오히려 그런 격리 자체를 당연하게 받아들이며, 심지어 에이즈를 옮긴다는 이유로 동성애자에 대해 노골적으로 행해지는 사회적 차별에 거리낌 없이 동참하기도 한다. 바로 이 순간 위생권력은 가장 효과적으로 작동한다. 누군가를 차별하고 사회로부터 추방해 버려도 아무런 문제가 없다고 느낄 때, 권력은 이런 무의식을 타고 흐르며 언제든 차별과 추방을 실행한다. 누군가가 사회적 보호와 인간다운 삶으로부터 추방될 때는 대부분의 사람들의 무의식적 동의 속에서 진행되는 것이다.

가령 선진국이 안 되는 이유가 경쟁력 없는 농업과 농민에게 있다고 생각될 때, 농토로부터 농민을 추방해 버려도 그건 국가 전체를 위한 것이기 때문에 괜찮다고 생각하는 사람들이 많아질 때, 농민들은 실제로 추방되어 버린다. 그리고 이런 현실을 바꿔 보려는 농민들의 투쟁이 힘들어지는 까닭은 바로 사람들 내면에 존재하는 보이지 않는 무의식적 기제 때문이다. 이처럼 다른 외부적 폭력보다 근대권력, 특히 위생권력이 야기하는 폭력은 감지하기가 쉽지 않다. 스스로 국가의 다양한 위생조치들에 동의하고 있기 때문에 개인의 자유가 억압되어도 그것이 억압으로 인식되지도 못하고, 차별도 차별로 인식되지 않는 것이다. 이렇게 근대적인 주체들은 개인의 건강과 사회체의 건강을 동일시하는 위생권력의 작동과 더불어 형성되었다.

문제는 그렇게 근대적 위생권력의 작동과 함께 역사적으로 형성된 존재를 위생의 보호망에서 추방해 버릴 때 근대적인 주체는 혼란스러워진다는 사실이다. 국민의 위생과 질병을 관리하고 책임진다는 사실을 명분으로 위생권력에 내면적으로 순종하는 근대적 주체들을 형성해 온 국가가 광우병 위험이 있는 쇠고기를 수입하겠다고 결정할 때, 이제 국민들의 기저에 깔려 있던 내면적인 동의가 철회되지 않고는 사태가 마무리되지 않는다. 혁명은 아무 때나 발생할 수 없고, 아무나 할 수 있는 일도 아니다. 누가 원해서 일어나는 것도, 누구의 사주로 일어나는 것도 아니다. 그런데도 2008년 5월엔 촛불의 혁명적 분위기가 놀랄 정도로 타올랐다. 혁명의 주체는 선한 이념을 가진 순수하고 투명한 주체가 아니다. 그들도 특정한 역사적 조건 속에서 형성된 주체다. 광우병 문제에서 참을 수 없다는 듯이 광장으로 난입해 새로운 정치적 공간을 열어젖힌 그들은 근대적 위생권력의 산물인 것이다. 역사는 역사의 지양을 스스로 창출하는 법이다. 위생권력의 산물인 '촛불들'이 국가에 의해 위생의 배치가 전면적으로 파탄에 이르자 자신을 만들어 낸 그 국가에 파산선고를 내려 버린 것이다.

광우병 쇠고기 수입은 일종의 '최후의 것'에 해당된다. 비정규직 확산도, 0교시 수업도, 대운하도, 민영화 정책도 물론 대중들의 삶을 가혹하게 하는 것이라 언제든 군중봉기의 촉매가 될 수 있었다. 그러나 대중들은 그런 이슈들을 배치를 바꿀 만한 '문턱'으로 받아들이지 않고, 아직은 '한계' 속에서 참고 견디고 있었다. 아직은 국가와 정권에 기대할 게 남아 있다고 느꼈던 것이다. 그런데 광우병은 그렇지 않았다. 이 순간 군중들은 국가에 파산선고를 내리면서 광장에서 자율적인 정치 주체임을 선언해 버린 것이다. 그런 점에서 광우병 쇠고기 수입은 '한계' 이상으로 '문턱'을 뛰어넘어 배치를 바꾸게 했던 진정 '최후의 것'이었다. 건강의 관리를 통해 근대적 신체와 욕망을 규율했던 권력이 이제 스스로 그 규율의 조치에 일정한 균열을 내버린 것이다.

비정규직은 비정규직만의 문제이거나 혹은 남의 문제일 수도 있었으나, 광우병은 근대적 주체 모두의 문제였던 것이다. 비정규직은 특정한 직업과 보수의 문제였지만, 광우병은 근대권력의 작동기제 자체를 부정하고 균열을 낸 사건이었던 것이다. 무책임한 대통령의 말대로 미국 쇠고기가 들어와도 먹기 싫으면 안 먹으면 그만이라고 해보자. 그러면 마약은 어떤가? 왜 굳이 마약사범을 구속하고 평생 사회적 낙오자로 낙인찍어 버리는가? 마약에 대한 접근을 자유롭게 해놓고 광우병 쇠고기처럼 소비자로 하여금 선택하게 하면 되지 않는가. 인체에 해로운 식품을 판매하는 사람들에 대한 사법처리도 마찬가지다. 정부의 논리대로라면 그런 식품을 안 사먹으면 되는 것 아닌가. 모든 게 소비자의 선택이라면 소비자가 도대체 어떻게 모든 것을 현명하게 선택할 수 있단 말인가. 그러면 국가가 존재할 이유가 도대체 어디에 있단 말인가. 광우병 쇠고기 수입이 결정되었을 때 대중들이 느낀 것이 바로 이런 혼돈이었다. 개인의 선택에 맡겨진 위생관리는 실상 위생관리의 포기와 마찬가지다. 그것이 아무리 낮은 확률이더라도 생명에 치명적인 것은 마찬가지다. 그리하여 국가의 위생보호망으로부터 단번에 내쫓긴 대중은 오히려 국가의 추방을 명령했다. 국가가 위생권력의 작동을 통해 이득은 모조리 챙기면서도 국민을 위생으로부터 축출해 버리는 기묘한 사태에 대해 대중들은 이 국가에 소속된 주체라는 정체성을 부정해 버렸던 것이다.

그러므로 이를 조율하고 제지할 방법이 거의 없었다. 대중이 근대적 배치에 대한 욕망을 접고 배치를 바꿔 버리면서 국가에도 배치를 바꾸도록 요구했기 때문에 국가로서는 선택할 수 있는 대응책이 둘밖에 없었다. 받아들이거나 진압하거나. 촛불봉기가 새로운 정권이 출범한 지 3개월 정도밖에 되지 않은 시기에 폭발했다는 사실도 이런 성격을 뒷받침한다고 볼 수 있다. 정권을 지지하는 측에서 정부가 좀더 일을 하고 정책을 펼 수 있는 시간을 주자고 말하면서 촛불의 힘을 약화시키려 했지만 그건 사태를 완전히 오판한 것이었다. 광우병 파동은 단 하나의 정책적 행위에 불과한 것이었음에도 불구하고 오히려 대중들로 하여금 한계를 넘어 문턱을 돌파하게 해버린 압력으로 작동한 것이란 점에서 정부로 하여금 시간을 더 준다고 해결될 문제가 아니었던 것이다. 정권 측에 시간을 더 줘야 한다는 논리는 매 순간 최후의 것을 평가하면서 판단하고 욕망하는 대중들의 메커니즘에 대한 무지 속에서 나오는 발상이었다. 사태의 본성을 모르니 심지어 이건 분명히 친북좌파의 사주에 의한 것이라고 몰아붙이는 낡은 해석도 기승을 부렸다. 그러나 단 하나의 사건도 대중들을 혁명적 분위기 속으로 몰아넣을 수 있다는 사실을 알아야 한다. 대중들이 움직이는 것은 의식적 논리보다는 어쩌면 무의식적 논리, 논리 아닌 논리일지도 모르기 때문이다.

광우병 파동 이후 사람들이 먹거리 앞에서 불안해 하는 이런 상황은 단순한 신뢰회복 차원이 아니라 권력의 새로운 기제를 통한 통합과 복구 속에서만 해결될 수 있을 것이다. 아니, 대중은 벌써 권력의 근대적 작동술에서 훨씬 멀리 탈주해 버렸을지도 모른다. 이런 측면에서 볼 때 광우병의 혁명적 잠재력은 훨씬 크다고 볼 수 있다. 광우병 파동 이후 삶은 더 많은 변화를 보이고 있는 것 같다. 안전한 먹거리에 대한 욕망은 식품의 생산과 유통 구조 전체를 바꾸고 있고, 동시에 육식과 환경에 대한 문제로까지 사유의 지평이 넓어지고 전환되고 있다. 탈주해 버린 대중들을 새로운 권력기제를 통해 포획하고자 하는 국가권력 측의 노력이 집요하게 전개될 것이다. 그러나 나는 그것이 필시 실패에 가까울 거라 생각한다. 물리적 폭력과 억압을 통해 탈주해 버린 대중들을 다시 근대적 배치 속으로 몰아넣을 수 있다고 생각한다면 이는 오산이다. 국가권력 측의 실패는 지속적일 것이고, 이런 과정 속에서 권력의 배치는 조금씩 변화할 것이다. 촛불군중은 어쨌든 지배권력 측의 이해 가능성을 넘어선 지대에서 움직이고 있다.

1990년대 초 공산주의권의 붕괴와 허무주의의 문제가 권력을 다르게 사유하도록 한다면, 촛불봉기는 우리를 구성하는 권력이 어떻게 작동하고 있는지 다시 사유하게 한다. 우리는 어떤 존재인가? 우리는 어떤 역사적 조건 속에 있는 것인가? 이 두 질문은 동일하다. 그 존재는 '생각하는 자아'처럼 육체도 없고 역사도 없는 투명한 존재가 아니다. 우리는 형성된 존재이고, 계속해서 그 형성 속에서 혁명적이거나 반동적일 뿐이다. 그리고 우리는 특정한 권력의 배치 속에서 형성되는 것이라, 우리 시대 권력의 작동양상을 살피는 일은 근대적 주체의 구성을 살피는 것이자, 새로운 삶의 가능성을 타진하는 길이기도 하다. 우리가 지금 이 자리에서 무엇을 할 수 있을지 알기 위해서는 권력과 관련된 우리의 역사적 조건과 그 배치를 확인할 필요가 있는 것이다.

실체적 권력에서 기능적 권력으로

노예를 부리는 주인의 이미지를 벗어나라
고전주의 시대 : 조직화된 생사여탈의 절대권력
근대 : 보게 하고 말하게 하는, 하지만 보이지 않고 말하지 않는 파놉티콘

•실체적 권력에서 기능적 권력으로

노예를 부리는 주인의 이미지를 벗어나라

권력 분석에 뛰어난 철학자 미셸 푸코에게 '주체'는 굉장히 구체적이고 명확한 존재다. 근대적 주체는 신의 본성을 닮은 인간도, 단순히 생각하는 동물도 아니다. 신을 닮은 인간과 닮지 않은 인간, 생각하는 인간과 생각하지 못하는 인간의 구별은 근대적인 주체의 구체적인 속성을 하나도 설명하지 못하는 추상적인 구별이자 비역사적인 형이상학적 구별이다. '주체'는 역사적 지층이라는 선험적 조건 속에서 형성되는 존재다. 그렇다면 이렇게 인간을 주체로 형성하는 것에는 무엇이 있을까? 맑스주의적 전통에서는 생산관계를, 그리고 언어학적 전통에서는 의미작용의 관계를 얘기한다. 전자는 노동하는 주체를 만들고, 후자는 말하는 주체를 생산한다. 그러나 우리는 단순히 노동하고 말하는 주체로 단순화될 수 없다. 성적인 영역에서의 주체, 광인이 아님을 호소하는 주체, 타자를 배제하는 주체 등 수많은 주체로 분할되어 있는 게 우리다. 그리고 그런 주체를 형성하는 것은 신이나 이성이 아니라 '권력관계'다. 그런데도 여기에 대한 분석 도구가 많지 않다. 생산관계나 의미작용의 관계가 그 자체로 작동하는 게 아니라 권력관계에 기초한 것이라 할 때* 권력에 대한 분석이야말로 주체의 구성에서 무엇보다 중요한 문제가 아닐 수 없다.

　　우리는 권력을 사유할 때 대개 "법률적 모델"에 의지하는 경향이 있다. 법률적 모델은 "무엇이 권력을 정당화하는가?"라는 물음의 형식을 띤다. 우리는 국가든 개인이든 권력은 사법적 기초 위에서 행사되는 것이고, 이런 권력만이 정당하다는 인식을 갖고 있다. 그러나 이런 법률적 모델에 따른 권력 개념은 많은 문제들 앞에서 무능력하고 심지어 위험하기도 하다. 먼저 사법적 관계가 곧 권력관계라는 생각은 사회 전체의 권력 현상들을 포괄하지 못한다. 가령 불평등한 남녀관계에 존재하는 권력은 위법은 아니지만 수많은 여성들을 불편하게 하는 권력이다. 다음은 한

---

* 자본주의를 지탱하는 경제적 하부구조의 작동이 순전히 착취와 억압에 의한 것이라 할 수 있는가, 공장의 '규율' 없이 하부구조가 존재할 수 있는가 하는 문제가 있다. 그리고 아버지의 법이라는 정신분석적 억압의 기제도 그것이 순전히 기표와 기의의 관계 속에서만 작동할 수 있는가. 상징적인 법이든 실제적인 법이든 그 법의 작동은 특정한 권력의 작동에 의해 가능한 것이다. 규율권력에 대해서는 이 책 2장과 3장을 참조할 것.

방송국 PD에게 직접 전해 들은 일이다. 방송국 신입사원 환영회가 있었다. 고참들은 신입들의 혼을 빼 주려고 여러 술집을 돌고 돌아 결국 굉장히 보기 민망한 유흥업소에 들어갔다. 이곳은 노출 수준이 높은 여성들이 남성들에게 성접대를 주로 하는 곳이었는데, 문제는 신입사원 중에 여성들이 많았다는 사실이다. 같은 여성으로서 심한 모멸감을 느낀 한 신입이 고참에게 항의하면서 그의 면상을 후려친 것이다. 여성 신입사원들이 이런 업소에까지 끌려간 것은 고참들이 가진 사법적 권력 때문이 아니었다. 고참들은 어떤 법도 위반하지 않았지만 확실히 권력은 행사했다. 그래서 여성 신입들은 어떤 법에도 호소할 수 없지만 심각한 폭력은 당했다. 문제는 이런 권력관계다.

누군가 지배하고 누군가 복종하는 권력관계는 사법적 모델에 의해 완전히 설명되지 않는다. 남성은 법률에 의해 권력의 주도권을 인정받은 게 아니라, 권력의 주도권을 쥐고 있기 때문에 법률을 자신에게 유리하게 만드는 것이다. 사법적 모델 이전에 권력관계가 존재한다. 일상에서 우리가 느끼는 지배와 피지배의 느낌은 사법보다는 더 직접적인 권력관계 속에서이다. 동물이나 잡는 투망을 이용해서 이주노동자를 체포하는 출입국관리소 직원들의 폭력은 위법은 아니지만 인간적인 모멸감을 안겨 주는 심각한 폭력이다. 고루한 이성애자가 동성애자들에게 보이는 증오와 경멸도 마찬가지다. 이것들이 불법은 아닐지라도 중요한 삶의 문제가 아닌 것은 아니다. 오히려 사법적 심판으로 해소될 수 없는 이런 미시적 영역이야말로 우리 삶에서 정말 심각하게 고려해야 하는 영역이다. 따라서 합법성으로 풀릴 수 있는 삶의 영역은 극히 협소하다고 할 수 있다.

그리고 권력의 억압성이나 부정적인 내용을 사법적 절차에 의해 해소할 수 있다는 논리는 합법성에 의한 비민주적 권력을 낳는다는 점에서 아주 위험한 발상이다. 87년 이후 한국 사회는 충분히 민주화되어 있다고 생각했다. 이제 중요해진 것은 절차적 합법성이었다. 그러나 아무리 절차가 합법적이라 해도 그 법률이 특정한 세력을 위한 것이라면 나머지 국민들에게는 당연히 삶을 위협하는 문제가 아닐 수 없다. 그리고 혁명 이후 사회주의 국가에서 진행된 인민재판을 보자. 명쾌한 선악의 구도하에 악(자본주의적이고 반동적인 부르주아계급)에 대한 합법적인 권력의 행사가 인민의 이름으로 정당화된다. 그렇다면 이런 인민재판이 삶을 바꾸는가? 그렇진 않았을 것이다. 누군가를 불법이라고, 악하다고 비난하는 것에 그칠 때 모든 사람은 합법의 영역 속으로 몸을 숨길 뿐 그 어떤 자기 변화의 움직임도 보이지 않게 되기 때문이다.

권력의 행사가 법에 의해 보장되고, 법적인 규정만이 권력의 행사를 가능하게 한다고 생각하는 것이 사법적 모델이라면 권력은 국가가 행사하는 것이라고 생각하는 "제도적 모델"도 있다. 권력의 출처가 국가권력이고, 그래서 국가권력은 늘 부정적 권력의 중앙집중처가 된다. 따라서 이런 모델에서는 "국가란 무엇인가?"라는 물음을 자주 묻게 되어 있고, 국가의 전복만이 권력의 편제를 바꿀 수 있다는 상상력이 지배하게 된다. 국가가 그렇게 우리의 모든 권력관계의 중심에 있는 것인가? 사회적 불의와 비민주성, 일상관계의 억압적 성격까지 국가권력의 지배하에 있는 것일까? 첩보영화에 자주 나오는 음모론은 이런 사고방식과 비슷하다. 갑자기 스파이에게 생명의 위협을 받게 되고, 모든 정상적인 은행거래도 중지되자 주인공은 왜 이런 일이 일어났는지 알고자 한다. 그래서 그 음모의 원천으로 가 봤더니 그곳에는 권력을 장악하고자 하는 한 인간이 있었다. 그 악한이 이 모든 사태들을 일으킨 음모의 핵심이었던 것이다.

이렇게 국가는 현실적으로 존재하는 모든 권력관계를 조종하는 은폐된 기원일까? 그러나 현실에서 이런 '기원'은 허구에 가깝다. 첩보영화에서는 모든 사건을 조종하는 암흑의 중심이 있지만, 현실에서는 그런 존재를 찾을 수 없다. '국가'는 도대체 어디에 존재하는가? 경찰? 대통령? 아니면 다른 국가행정기구? 어디에도 '국가'는 없다. 우리의 삶에서 파생되는 모든 문제를 만들어내고 해결할 수 있는 그런 '중심'은 없다. 근대사회를 움직이는 관료주의만 봐도 알 수 있다. 한 행정기구의 최고책임자도 자신이 감당할 수 없는 일이 있다. 그리고 그보다 더 높은 책임자에게 올라가도 사정은 마찬가지다. 옆방으로, 다른 사무실로, 다른 부서로 가 보시오! 하지만 그곳에 가서도 우리는 동일한 말을 듣는다. 권력은 중심에 있지 않다. 차라리 권력은 도처에 퍼져 있으며, 바로 옆에 존재한다. 자꾸 자기보다 높은 상관에게 가라고 말하지만 그 상관에게서도 같은 이야기를 듣고, 최종적인 답은 들을 수도 없다. 왜냐하면 권력이 그렇게 최고 상층부에 존재하는 것이 아니기 때문이다. 다시 말해 초월적인 곳에 권력이 존재하지 않기 때문이다.

그런데도 상층에, 중심부에 모든 문제를 해결할 수 있는 권력이 있을 것이라고 생각할 때 우리는 당장 해결해야 할 문제도 해결하지 못하고 늘 궁극적인 해결책을 기다리게 된다. 그러나 그 기다림은 아무것도 해결해 주지 않는다. 사실 권력이 초월적인 곳에 있다고 생각하는 것 자체가 오히려 삶을 힘들게 만든다. 카프카의 단편 「법 앞에서」를 봐도 마찬가지다. 시골사람은 법의 입구에 서 있다. 그 앞에는 문지기가 있다. 시골사람은 법 안으로 들어가게 해달라고 부탁하지만 문지기는 안 된다고 한다. 그러자 시골사람은 문이 열리길 기다리기로 마음먹는다. 그것도 평생! 죽음이 가까워 오자 시골사람에게 이런 물음이 언뜻 스친다. 왜 자기 외에는 아무도 법의 문을 열어 달라고 말하는 사람이 없는 것일까? 그러자 문지기가 이렇게 대답해 준다. 그 문은 오직 당신만을 위한 입구였다고. 바로 이것이 권력이 초월적인 곳에 있다고 생각할 때 당할 수밖에 없는 자의 운명이다. 문을 열어 달라고 요청하는 행위 자체가 권력의 입구를 찾지 못하게 하는 일이 되는 것이다. 왜냐하면 권력은 그곳에 있지 않기 때문이다.

차라리 권력은 가까운 곳에 있다. 저 높은 곳에 있는 게 아니라 바로 옆에 있다. 시골사람과 문지기의 관계 속에 있는 것이지 문지기 저편에 있는 게 아니다. 그래서 들뢰즈와 가타리는 권력이 피라미드의 상층부에 '존재'하는 게 아니라 바로 옆에서, 즉 초월성이 아니라 인접성에 의해 '작동'한다고 말한다.(들뢰즈·가타리, 『카프카: 소수적인 문학을 위하여』, 136쪽) 그러므로 권력의 입구를 열어 달라는 요청을 하지 말아야 한다. 그 입구로 들어간다고 권력이 존재하는 것은 아니기 때문이다. 요청 자체가 권력에 대한 포착을 불가능하게 한다. 권력은 '존재'하기보다 '작동'한다. 내 앞에 있는 관료와의 사이에서, 내 앞에 있는 여성과의 사이에서. 매 순간 겪는 권력 관계를 변이시키지 않고서는 삶의 어떤 배치도 바꿀 수 없다. 이 삶의 배치를 근본적으로 바꿀 수 있는 초월적인 중심은 없다. 그런 혁명은 성공한 적도 없고, 성공한다고 해도 삶을 전혀 바꾸지 못한다. 권력은 국가가 쥐고 있는 게 아니다. 시골사람처럼 국가를 권력의 핵심으로 간주할 때 우리는 국가가 도대체 어디에 있는지, 국가의 본성이 무엇인지, 국가와 더불어 사는 게 왜 힘들어지는지 알지 못하게 된다. 이처럼 '제도적 모델'은 국가에 대한 사유를 방해하는 장애물에 가깝다.

우리는 이런 "리바이어던 모델"을 제거해야 권력을 올바로 사유할 수 있다. 리바이어던Leviathan이란 17세기 영국의 철학자 홉스가 쓴 책 제목이기도 하고 성경에 등장하는 괴물의 이름이기도 하다. 홉스는 교회의 지배로부터 벗어난 국가를 설명하기 위해 구약 성경 「욥기」에 나오는 리바이어던이란 괴물의 이미지를 이용한다. 이 괴물은 용처럼 생겼으며 입과 코에서 불과 연기를 뿜고, 칼로 내리찍어도 박히지 않는 단단한 비늘을 갖고 있다. 바닷속에 살지만 바닷물을 기름처럼 들끓게도 하고, 세상의 교만한 자들을 지배하는 왕이다. 국가는 이처럼 모든 권력을 장악한 괴물의 이미지를 띤다. 그러나 국가 혹은 왕의 권력이 자의적인 것은 아니다. 만인의 전쟁 상태인 자연 상태에서 벗어나기 위해 개별 국민들이 자신의 의지와 주권을 한 사람의 주권자에게 양도하기로 계약을 맺으면서 성립한 것이 국가주권(왕)이기 때문이다. 홉스의 책 『리바이어던』 표지 그림에서도 보이듯이 왕의 옷을 장식하고 있는 문양은 모두 사람들의 얼굴이다. 국민들의 의지 전체를 모았다는 뜻이다. 그리고 그는 칼을 한 손에 쥐고 있고 그 밑에는 대포와 같은 무기가 가득하다. 왕(국가)은 국민들과 주권을 양도받기로 계약하면서 모든 초월적인 권력을 얻는다는 뜻이다.

앞에서 지적한 사법적 모델과 제도적 모델을 통합하는 게 리바이어던 모델이다. 역으로 리바이어던 모델은 이 두 가지 모델의 결합이다. 우리는 대개 리바이어던 모델을 통해 권력의 속성을 포착하는 경향이 있다. 모든 시민들이 국가나 왕의 몸체가 되고, 그런 몸체를 움직이는 정신은 권력의 핵심인 왕의 주권이 되는 모델. 사법적 모델은 권력이 사회계약에 의해 주권자와 국민 사이에 합법적으로 양도되었고, 따라서 권력이 법적 주권 안에 있을 것이라고 생각하는 모델이다. 제도적 모델은 주권과 의지를 넘겨받은 왕이 행사하는 괴물 같은 무소불위의 권력을 의미한다. 그러나 푸코는 이런 리바이어던 모델을 제거하지 않고는 권력의 작동을 정확히 포착할 수 없다고 강조한다.(푸코, 『사회를 보호해야 한다』, 53쪽) 권력에 대한 연구는 국가제도와 사법적 주권의 범위 바깥에서 이루어져야 한다. 권력은 한 계급의 이익을 대표하는 국가에 의한 행사도 아니고, 사법적 주권에 의한 합법성의 영역에 있는 것만도 아니다. 국가가 권력의 중심인 게 아니라 권력의 특정한 형식이 국가의 통치로 표현되는 것이며, 사법의 영역도 다양한 형태의 예속과 지배의 테크닉의 운반수단일 뿐이지 그 역은 아니다.

　　푸코는 '권력'이라는 말을 거의 쓰지 않았다고 한다. 그렇게 실체 개념을 권력에 부여할 때 권력에 대한 사유가 저지되고, 권력을 오해하게 될 우려가 있어서였다고 한다. 노예를 소유하는 주인의 이미지. 대신 그는 '권력관계'라는 말을 쓰자고 한다. 언어적 의사소통이건, 애정관계건 또는 제도적·경제적인 관계의 문제건 간에 어떠한 인간관계 속에서도 권력이 언제나 나타난다는 사실을 지시하기 위해 권력관계라는 말을 쓴다. 권력은 누구의 소유물이 아니다. 즉 어떤 계급이 소유할 수 있는 그런 '실체'가 아니다. 권력을 소유하고 양도할 수 있다는 경제주의적 권력관을 벗어나야 한다.

사법적 모델, 혹은 홉스의 주권 이론이 대표적으로 이런 경제주의적 계약의 모델을 통해 구성되어 있다. 사람들이 양도한 권리가 주권을 구성하니 정치권력의 모태는 계약이 될 것이다. 그리고 권력이 이 계약의 조항 자체를 넘어설 때 압제가 되므로 압제적 권력의 양도를 국민들이 당연히 요구할 수 있다는 논리가 여기서 형성된다. 그런데 문제는 주권자의 행위가 사회계약의 한계를 넘어섰는지 아닌지, 넘어섰다면 어떻게 물러나게 해야 하는지 등에 대한 모든 판단이 힘과 힘의 투쟁에 의해 결정된다는 사실이다. 바로 이 공간이야말로 법에 의해 규정되어 있는 게 아니라 전쟁과 같은 권력관계에 의해 정해지는 것이다. 저항권에 따라 국민이 혁명의 대열에 참여하는 게 아니라 국민의 힘이 더 강할 때 법적인 저항권이 행사되는 것일 뿐이다. 그리고 저항권이 법에 의해 정지될 때조차도 민중의 혁명적 에너지가 강할 때 그런 법은 무용지물이 된다. 혁명은 늘 법의 경계를 넘게 되어 있다.

그러므로 권력은 소유되기보다 행사되는 것이며, 지배계급이 획득하거나 보존하는 '특권'이 아니라 지배계급의 전략적 입장의 총체적 효과라는 사실을 강조해야 한다.(푸코, 『감시와 처벌』, 58쪽) "총체적인 효과"라는 것은 지배계급의 전략적 입장 속에 피지배자의 입장도 함께 섞여 들어가기 때문에 그런 것이다. 단순히 지배계급의 의지와 의도만으로 어떤 일이 관철되는 경우는 없다. 권력은 어떤 지배계급이 소유하고 맘대로 휘두르는 그런 폭력이 아니라, 늘 다양한 조건 속에서 행사되는 '기능'이자 '작동'이다. 권력은 사물과 같은 실체 혹은 명사名詞가 아니라 움직이고 행사되는 동적인 동사動詞다.

전쟁의 모델을 생각하자. 전쟁의 수행은 매번 힘들의 효과적이고 기능적인 배치를 요구한다. 하나의 전투에서 승리할 수 있는 것은 우리의 무력이 저들의 무력보다 강해서가 아니라 여러 전투적 배치의 관계에서 효율적으로 기능했기 때문이다. 그리고 승리한 전투에는 아군 측의 피해도 포함되어 있다. 이렇게 상호 침투하면서 섞여 들어가는 것이 권력이다. 기능이고 효과이므로 우리는 그 권력의 실체를 사물처럼 제시할 수가 없다. 즉 책상이라는 사물을 [책상]이라는 언어로 표현하거나 하나의 이미지로 제시하는 그런 표상의 방식으로는 권력의 이미지를 제시할 수가 없다. 권력은 작동의 방식을 살펴야 하는 문제이지 어떤 형상의 존재인지 알아야 하는 대상이 아니다.

이렇게 여러 힘들의 관계 속에서 침투하고 혼합되면서 작동하는 권력을 들뢰즈는 "새로운 기능주의"(들뢰즈, 『푸코』, 48쪽)라 부른다. 컴퓨터는 전원을 꽂으면 나의 유용한 글쓰기 도구로 기능한다. 그러나 이런 기능의 이미지는 사물의 이미지에 가깝다. 권력은 컴퓨터처럼 하나의 도구로 기능할 수가 없다. 다시 말해 나의 의도에 따라 켜고 끌 수 있는 그런 도구가 아니다. 나의 의도조차 다른 사람의 의도와 맞물리면서 집단적으로 결정되는 것이기 때문이다. 전쟁을 정치의 수단이라고 말했던 전쟁이론가 클라우제비츠Carl von Clausewitz의 명제를 뒤집어 권력에 대해 이렇게 말할 수 있겠다. 정치는 다른 수단에 의해 지속되는 전쟁이라고. 다시 말해 권력의 본성은 전쟁의 모델을 중심으로 생각해야 한다. 전쟁은 정치적인 협상이 실패한 예외적인 상황에서 사태를 해결하는 극단적 방법이 아니다. 전쟁은 늘상 지속되고 있다. 지배와 피지배의 권력관계는 일상 어디서나 전쟁처럼 계속되고 있는 것이다. 그리고 이 전쟁은 권력수뇌부의 의도로 환원되지도 않으며 사법적 형태만으로 표현되는 것도 아니다. 전쟁은 바로 권력이 지역적이고 국부적인 제도 속으로 파고든 그 미세한 모세혈관 속에서 간단없이 구체화되고 있고 실행되고 있는 것이다. 권력에 대한 분석은 저 초월적인 상층부가 아니라 권력이 뿌리를 내려 실제적인 효과를 발생시키는 바로 그 장소에서 행해져야 한다.

고전주의 시대 : 조직화된 생사여탈의 절대권력

18세기 이전 서구 고전주의 시대의 형벌을 생각해 보자. 그 시대의 형벌은 어땠을까? 절대군주의 절대권력, 그러므로 야만적이고 광폭한 형벌이 자연스럽게 연상된다. 군주의 권한이 침해되었을 때 군주는 리바이어던이라는 괴물처럼 초강력의 권력을 이용해 그 침해자를 처참히 살육했을 것이다. 이것이 근대 이전 권력에 대한 우리의 상식적인 이미지이다. 과연 그렇게 권력은 군주가 "소유하고 맘대로 휘두르는 그런 폭력"이었을까? 권력은 그렇게 자의적인 것이었을까? 1757년 루이 15세를 살해하려다 실패하고 체포되어 극형을 받은 다미엥이라는 사람에 대한 판결문과 실제 집행 장면을 보자.

상기한 호송차로 그레브 광장에 옮겨 간 다음, 그곳에 설치될 처형대 위에서 가슴, 팔, 넓적다리, 장딴지를 뜨겁게 달군 쇠집게로 고문을 가하고, 그 오른손은 국왕을 살해하려 했을 때의 단도를 잡게 한 채, 유황불로 태워야 한다. 계속해서 쇠집게로 지진 곳에 불로 녹인 납, 펄펄 끓는 기름, 지글지글 끓는 송진, 밀랍과 유황의 용해물을 붓고, 몸은 네 마리의 말이 잡아끌어 사지를 절단하게 한 뒤, 손발과 몸은 불태워 없애고 그 재는 바람에 날려 버린다. (푸코, 『감시와 처벌』, 23쪽)

말들은 제각기 수형자의 사지를 똑바로 힘껏 끌어당겼다. 말 한 마리에 사형집행인 한 사람이 붙어 있었다. 한 15분 동안 같은 의식이 되풀이되었다. (……) 그러자 이번에는 다리를 끄는 말 앞에 다시 두 마리를 연결시켰다. 모두 여섯 마리가 되었다. 그런데도 일은 여의치 않았다. (……) 사형집행인 상송과 쇠집게를 잡고 있던 사람은 그들 주머니에서 칼을 꺼내 관절 부분의 다리 대신에 넓적다리의 윗부분을 도려냈다. 네 마리의 말이 전력을 다해 끌어당기자, 처음에는 오른쪽 다리, 다음에는 왼쪽 다리가 떨어져 나갔다. 뒤이어 양팔, 어깨와 겨드랑이, 사지도 똑같이 칼질했다. 거의 뼈까지 닿도록 깊숙이 칼로 도려내지 않으면 안 되었다. 그런 후에 말이 전력으로 끄니까 먼저 오른쪽 팔이, 뒤이어 왼쪽 팔이 떨어져 나갔다. (……) 타오르던 불길 속에서 나타났던 몸의 마지막 한 조각까지 모두 타 버린 것은 밤 10시 반을 지나서였다. 살덩이와 몸통을 불태우는 데 약 4시간이 걸렸다.(『감시와 처벌』, 25~27쪽)

여섯 마리의 말을 이용해 팔과 다리를 뽑아 버리고 이렇게 떨어져 나간 사지를 4시간 동안 불로 태워 버리는 이 끔찍한 형벌이야말로 권력의 무자비한 속성, 무계획적이고 자의적인 속성을 드러내는 것이 아닌가. 그런데도 푸코는 이 시기 권력의 운용을 살펴보면서 우리의 상식적 판단을 배반이라도 할 것처럼 그런 권력은 존재하지 않았다고 말한다. 사지를 절단하고 내장을 도려내고 화형을 시키는 이 능지처참의 '신체형'身體刑이 순전히 야만적이었다거나 무법천지의 상태에서 가능했다고 생각해서는 안 된다. 신체형과 같은 형벌은 신체에 대한 마구잡이식 처벌이 아니라 거기에도 규칙과 절차가 있는 "조직된 의식"이다. 왜냐하면 신체형을 통해 만들어 내야 할 고통의 분량도 정확히 계산되었고, 고통을 만들어 내는 데에도 규칙이 있어 낙인을 찍는 위치, 채찍질의 횟수, 화형이나 처형으로 소요되는 고통의 시간까지도 정해져 있었기 때문이다. "법이 없는 극도의 광폭성"이 아니라 하나의 테크놀로지였다는 사실을 잊지 말아야 한다.

신체형은 근대 이전 야만적인 폭력의 상징도, 신체에 대한 마구잡이식 처벌도 아니었다. 그것은 "세분화된 고통을 창출하는 일"이었고, 형벌의 희생자들을 낙인찍고 처벌하는 권력을 과시하기 위해 "조직된 의식"이었다. 따라서 이런 극단적인 신체형에도 무절제한 사법권력의 분노가 아니라 "권력의 경제학"이 있었다고 할 수 있다. 특히 이 시대 자주 자행되던 고문이라는, 취조와 형벌의 수단도 근대적인 고문과 달리 특정한 규칙을 수반한 절차였다. 기사들이 빠르게 달리는 말을 타고 상대방을 창을 이용해 떨어뜨리는 '기마 창 경기' 같은 관계라, 더 능숙하고 뛰어난 자, 다시 말해 참고 견디는 자가 강한 인내심으로 저항해서 이기면 재판관이 지는 것이었다. 그렇게 되면 재판관이 사퇴해야 했으므로, 증거가 확보되는 고문만이 행해졌고, 가장 중대한 사건에 국한되는 경향이 있었다. 고문에 이겼다고 무죄가 되는 것은 아니지만 사형은 면했다. 그래서 매우 심각한 중죄를 진 죄인의 경우 고문을 가해선 안 된다는 권고를 받는데, 만약 용의자가 고문 경기에서 이겨 버리면 그에게 사형을 선고할 권리가 사라지기 때문이었다. 따라서 비록 고전주의 시대의 고문이 잔인했다고 해도 그것이 꼭 야만적이거나 무작위적인 것은 아니었다고 할 것이다.

그리고 신체형은 군주의 사적인 복수와는 관련이 없었다. 그보다는 오히려 "권력이 자신의 모습을 과시하는 의식행사"였으며, 철저히 "정치적인 행사"였다. 마을 광장에서 주민들이 지켜보는 가운데 화려한 의식과 더불어 진행되는 행사였던 것이다. 범죄는 군주의 권리를 침해하는 것이었으므로 신체형은 상처 받은 군주권을 회복하기 위한 의식이자 법률적이고 정치적인 기능을 갖는 것이었다. 따라서 처벌권은 군주가 보유한 권리, 즉 자신의 적과 싸울 권리의 자연스러운 행사였다.

"생사여탈의 저 절대적 권력"을 가진 군주의 물리적 힘의 우월성이 과시되기 위해서 신체형은 "공포 본위의 정치학"을 따를 수밖에 없었다. 그것은 처형당하는 범죄자의 신체를 통해 "군주의 격앙된 현존의 모습"을 모든 사람들이 느끼도록 만드는 것이었고, 사법의 회복보다는 "권력을 활성화"하는 일이었다. 그러므로 감출 필요가 없었다. 범죄자의 신체를 놓고 사법권력의 가공할 힘과 범죄자의 인내가 벌이는 전투의 요소를 담은 신체형은 군사적 퍼레이드이기도 했고, 결투이기도 했다. 죄와 벌이 신체에 대한 잔인성을 통해 결합되는 이런 양상은 단순히 '눈에는 눈, 이에는 이'라는 식의 사고방식의 결과가 아니라, "권력의 구조에 의해 초래된 결과"(『감시와 처벌』, 101쪽)라는 사실에 주의해야 한다. 비록 근대 이전의 권력표현이라고 해도 그것이 어떤 계획도, 어떤 권력의 구조도 없는 것이었다고 생각해서는 안 된다. 과잉의 권력이라고는 할 수 있지만 무작위적인 권력은 아니다. 권력은 이렇게 군주가 마음대로 휘두른다고 해도 늘 특정한 구조 속에서 행해지는 것이다. 합리적인 고안물은 아니라고 해도 권력이 작동하는 무의식적인 기제와 구조를 간과해서는 안 되는 것이다.

근대 : 보게 하고 말하게 하는, 하지만 보이지 않고 말하지 않는 파놉티콘

이처럼 고전주의 시대에도 자의적으로 소유하고 행사할 수 있는 권력은 없었다. 그러므로 '소유'라는 개념 대신 들뢰즈와 가타리의 '기계' 개념을 쓰는 게 더 유용하다.* 권력은 소유한 자가 없는

---

* 푸코는 권력에 대한 새로운 사유를 집대성한 『감시와 처벌』에서 『앙띠 오이디푸스』의 저자들에게 감사의 말을 바치고 있는데, 이것은 아마도 들뢰즈와 가타리의 '기계' 개념에서 영향을 많이 받았기 때문인 것으로 보인다. 여기서 '기계'는 부속과 부속의 결합으로 이뤄져 있지만 그렇다고 사물과 같은 것은 아니다. 새로운 요소가 첨가되면서 배치가 바뀔 때마다 본성의 변화가 있는 것, 그것이 기계다. 테러범이 항공기를 납치할 때 '승객'은 '인질'로 변한다. 그리고 '항공기'는 '감옥'이 된다. 이처럼 새로운 요소(테러범)의 결합으로 늘 본성이 변할 수 있는 잠재성을 갖고 있는 게 기계다. '권력'도 마찬가지다. 새로운 힘들과의 관계 속에서 특정한 권력의 구조와 속성은 변하게 된다. 법정에서 하는 '맹세'는 법적 지배에 복종하는 것이지만 연인 앞에서의 '맹세'는 전혀 다른 권력관계 속으로 들어가는 것이 된다.

데도 행사되고 효과를 발휘한다. 권력은 그렇게 기능적으로 작용하는 하나의 기계다. 이를 가장 잘 드러내 주는 게 바로 '파놉티콘'Panopticon이다. 근대에 접어들어 신체형의 화려한 의식이 사라진 자리에 모든 개별적인 존재들에 대한 세세한 감시의 시선이 자리 잡는다. 마을사람들 앞에서 공개적으로 처형하면서 범죄자를 소멸시켜 버리기보다는 범죄자가 어떤 존재인지 더 알려고 하는 게 근대적인 권력의 특성이다. 이를 '규율권력'이라고 하는데, 이것의 건축학적 상징이 바로 파놉티콘이다. 이제 범죄자에 대한 끔찍한 처벌을 통한 사회로부터의 추방보다는 개개인에 대한 관리와 육성이 중요해진다. 신체를 그냥 한 덩어리로 다루는 대신, 세세하게 분할해서 미세한 영역까지 영향력을 확보하려는 권력이 등장한 것이고, 신체를 구속하기보다는 조직하고 훈련해서 체력을 활용하려는 권력이 등장한 것이며, 신체의 시간과 공간·운동을 바둑판처럼 분할해서 장악하는 권력이 등장한 것이다.

'규율'discipline은 신체 활동에 대한 면밀한 통제를 가능케 하고, 체력의 지속적인 복종을 확보케 하며, 체력에 순종-효용의 관계를 강제하게 하는 방법이다.(『감시와 처벌』, 216쪽)** 신체에 복종을 강

** 근대적 규율은 "신체의 소유관계"에 바탕을 두고 있지 않다는 점에서 노예제와 다르며, 값비싸고 폭력적인 노예제 관계를 벗어날 수 있다는 점에서 "규율의 세련됨"을 갖는다. 또한 비분석적이고 무제한적이며 변덕스런 주인의 의지 형태로 행사되는 "주종관계"와도 다르다. 그리고 고행을 통해 속세를 포기하게 하는 수도원식 규율과도 다르다.

제하는 방법은 단순히 폭력 본위의 수단에만 의해서도, 단순히 관념 형태의 수단에만 의해서도 실현되지 않는다. 그 강제는 계산되고 조직화하여 기술적으로 고려될 수 있는 것이어야 했고, 교묘한 방법으로 무기를 사용하지 않으면서도 신체적 차원에 머물 수 있는 것이어야 했다. 신체에 대한 지식과 체력의 통제가 동시적으로 진행될 수 있는 "신체의 정치적 테크놀로지"가 요구되었던 것이다. 그러나 이러한 테크놀로지는 특정한 제도나 국가기구 형태 안에 위치하지 않는다. 국가기구와 수많은 신체들 사이에 신체 자체에 물질적으로 힘을 행사하는 "권력의 미시물리학"의 지대가 있는 것이다.

이제부터 신체는 자연적으로 주어진 것이라기보다는 인위적이고 정치적으로 형성되어야 할 정치적 신체가 된다. '정치해부학'의 탄생. 규율은 유용성이라는 경제적 관계에서 보았을 때는 신체의 힘을 증가시키고, 복종이라는 정치적 관계에서 보았을 때는 동일한 힘을 감소시킨다.(『감시와 처벌』, 217쪽) 유용한 생산적 능력은 증가시키지만 불온한 정치적 에너지는 제거하려 하는 것이 규율권력이다. 신체에 대한 끊임없는 감시의 시선, 신체에 대한 분할과 조합의 작동, 기계처럼 기능하는 조직, 이것은 전형적인 군대 모델이다. 군대야말로 병사들 신체에 대한 지식과 기술이 아니고서는 병사들을 효율적인 군사'력'으로 작동시킬 수 없다. 이 시대 유토피아적 사회는 철학자들만의 관념적인 꿈으로 표현되었다기보다 "사회에 대한 군사적 통제의 꿈"으로 표현되었다. 군사적인 통제는 육체에 대한 구속과 총칼에 의한 위협이 아니라 신체에 대한 세밀한 지식과 관리를 의미한다. 아무런 병폐 없이, 어떤 불온한 정치적 소요도 없이 자연스럽고 조화롭게 운영되는 유토피아 같은 사회는 루소의 생각처럼 자연 상태에 있었던 것이 아니라 주도면밀하게 돌아가는 기계장치의 톱니바퀴처럼 인간이 변모하는 것에 있었다. 그것은 원시적인 계약이 아니라 끝없는 강제권에 있었으며, 기본적 인권에서가 아니라 끝없이 발전되는 훈련 방법에 있었다. 그리고 모든 사람의 의지가 하나의 주권에 모이는 게 아니라 모든 사람이 스스로 인형과 같이 자동적으로 순종하는 데 있었다.(『감시와 처벌』, 265쪽)

권력은 사람들의 힘을 감소시키기 위해 묶어 두는 게 아니라, 그 힘을 증가시키고 활용할 수 있게 묶어 둔다. 그래서 유동적이고 혼란한 수많은 신체와 힘을 개별적으로 분할하면서 통합적으로 활용할 수 있게끔 훈육한다. 이를 위해 규율은 위계질서화된 감시의 절차를 이용해 모든 것을 가시권 아래 두고자 한다. 그러나 감시에 따르는 통상적 이미지를 조심해야 한다. 다시 말해 신처럼 하나의 감시자가 세계의 바깥에서 개체들에게 감시의 시선을 보낸다고 하는 그런 이미지와는 관련이 없다. 신처럼 초월적인 위치에서 감시하는 자가 있는 게 아니라, 모든 인간이 스스로 자신의 행위와 내면을 통제하는 내재적인 감시의 이미지가 만들어진 것이다. 감시자는 인간들 바깥에 있기보다 인간 신체와 영혼 안에서 작동한다. 이렇게 신체 안으로 내재화되었기 때문에 권력은 소유물도 아니고 자의적으로 행사되는 것도 아니게 된다. 그것은 작동 속에 녹아들어 있는 내재적 활동이 되는 것이다. 18세기 영국 철학자 제러미 벤담의 꿈이었던 파놉티콘이 바로 내재화되고 기능적으로 행사되는 권력의 속성을 가장 잘 보여 준다.

파놉티콘은 그리스어로 '모두'를 뜻하는 'pan'과 '보다'를 뜻하는 'optic'을 합성한 말로, 소수의 감시자가 모든 수용자를 감시할 수 있는 형태의 감옥을 말한다. 파놉티콘은 일종의 이중 원형 건물이다. 감옥 둘레에는 수용자들을 수용할 수 있는 원형의 건물이 있고 중앙에도 원형의 감시탑이 있다. 감시탑에서는 수용시설 구석구석을 볼 수 있지만 수용자들은 감시자가 있는지 없는지 알 수가 없다. 감시자는 자신을 드러내지 않지만 수용자는 모든 걸 드러내야 하는 구조. 그래서 벤담은 파놉티콘을 진행되는 모든 것을 한눈에 파악할 수 있는 능력으로 정의한다.

건축학적 시선의 배치를 통해 죄수의 일거수일투족이 감시될 수 있는 가시성의 배치. 이 일망감시장치는 가시성과 비가시성의 결합과 분리를 통해 작동한다. 주위를 둘러싼 원형 건물 안에서는 아무것도 보지 못한 채 완전히 보여지기만 하고 중앙부 탑에서는 모든 것을 볼 수 있지만 결코 보이진 않는다.(『감시와 처벌』, 312쪽) 여기서 권력은 자동적으로, 그리고 비개성적인 방식으로 작동

파놉티콘의 구조

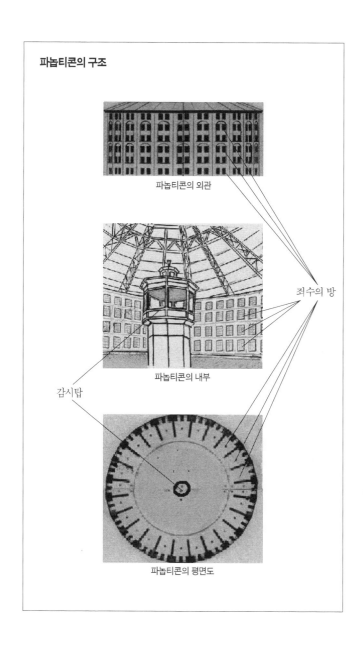

파놉티콘의 외관

파놉티콘의 내부

감시탑

죄수의 방

파놉티콘의 평면도

한다. 감시자가 없어도 되니 권력은 감시자가 갖고 있는 것이 아니다. 그래서 비개성적이다. 신체와 표면과 빛과 시선의 메커니즘 속에서 개개인이 포착되는 것이므로 누가 권력을 행사하는지는 중요하지 않다.

이런 점에서 파놉티콘의 구조는 완전히 일반화될 수 있고 언제나 작동시킬 수 있는 권력장치가 된다. 건축학적 구조와 시선의 배치만 갖추면 되므로 감옥 이외의 장소에서도 작동할 수 있는 일반성을 갖는 것이다. 그러므로 그것은 단순한 건축물이라기보다는 규율이 작동하는 전 과정에 내재하고 기능하는 권력장치라고 할 수 있다. 병원이든 작업장이든 학교든 결코 장소를 가리지 않으며, 병사의 훈련시간이든 휴식시간이든 어떤 시간의 구애도 받지 않는다. 이런 점에서 파놉티콘은 근대적 권력의 작동을 가장 추상적으로 보여 주는 기계다. 근대적인 권력은 파놉티콘처럼 작동한다. 고전주의 시대 권력이 공개처형과 같은 과시의 방식으로 작동했다면 근대의 권력은 행사되는지도 모른 채 행사되는 방식으로 작동한다. 이런 점에서 그것은 그 자신이 보게 하고 말하게 만드는 존재임에도 불구하고 스스로는 거의 보지도 듣지도 못하는 하나의 기계라고 할 수 있다.(들뢰즈, 『푸코』, 65쪽) 우리들 외부에 있는 게 아니라 우리를 관통하면서 작동하지만 결코 포착하기 어려운 권력의 이미지.

파놉티콘의 도식은 모든 시설에 적용될 수 있는 능력과 권력의 행사를 완벽하게 하는 능력을 갖고 있다. 이 도식은 권력 행사 대상의 수효를 증가시키면서도 권력을 행사하는 측의 수효는 줄일 수 있다. 또한 언제나 개입할 수 있고 심지어 범죄나 과오가 저질러지기도 전에 지속적인 압력을 행사할 수도 있다. 따라서 완력을 쓰지 않아도 자발적으로 아무 소리 없이 운용될 수 있다. 건물과 기하학적 배치 이외에 다른 물리적 수단을 사용하지 않으면서도 개인에게 직접 작용할 수 있는 것이다. 따라서 이 도식은 권력의 물적·인적·시간적 경제성을 확보해 준다. 이런 점에서 파놉티콘 도식은 "거대한 새로운 통치수단"이었고, 보다 큰 권력과 보다 나은 생산 사이에 직접적인 균형을 이룰 수 있는 것이었다. 외부로부터 짐처럼 추가된 권력이 아니라 기능들 속에 녹아 있는 권력의 도식이 파놉티콘이다. 더 경제적이고 더 효율적인 권력, 그래서 생산을 증가시키고 경제를 발전시키며 교육의 기회를 넓히고 공중도덕의 수준을 높이는 등 "증가와 다양함"을 가져오는 권력이다.

　권력에 대한 실체적이고 소유적인 개념이 문제되는 까닭은 이처럼 기능적으로 작동하는 파놉티콘의 모델을 사유할 수 없게 하고 근대적인 권력의 속성을 오해하게 하기 때문이다. 그리고 또 다른 문제는 군주가 소유하는 권력이라는 그 인간주의적인 면모 때문이다. 이제 더 이상 절대권력을 행사하는 군주가 없어졌기 때문에 형벌이 휴머니즘적으로 온화해진 것인가? 더 '인간'적으로 '진보'했기 때문에 과거의 끔찍한 신체형이 사라진 것인가? 정말 근대는 휴머니즘의 시대인가? 그러나 실제로 권력의 변모에서 중요한 것은 신체형이 갖는 권력경제학상의 위험성이었다. 사형수와 사형집행인을 사이에 두고 벌어지는 군주의 과시와 민중의 분노라는 불온한 상황은 권력의 작동을 효율적으로 만들지 못하게 했다. 잔인한 형벌의 과시는 민중들로 하여금 처벌되는 죄수의 심정에 동일시를 야기했고 이에 따라 소요와 봉기가 자주 발생했던 것이다. 권력을 과시하려다 오히려 민중들의 반발만 사는 것은 정치적으로 효과적인 방법이 아니었다. 그리하여 신체형이 없는 징벌의 필요성이 대두되었다. 더 효과적으로 권력이 작동하게 하려면 가끔씩 집행되는 과시적 형벌이 아니어야 했다.

그러므로 너무 잔인하다는 인간적인 고려가 아니라 권력의 경제학이 문제였던 것이다. 푸코에 따르면 근대 초기 개혁주의자들은 "권력의 약화"를 바랐다기보다는 "권력의 무절제한 분배"와 "비효율성"을 지적했다고 한다. 처벌권의 경제적 비용을 절감하고, 정치적 비용을 줄이며, 처벌권의 모든 성과를 증대시키는 방식으로의 재편이 요구되었다. 그 목표는 위법행위에 대한 처벌과 억제가 사회 전반에 정규적으로 기능하고 행사되게 하는 것이었고, 보다 적게 처벌하는 것이 아니라 보다 잘 처벌하는 것이었다. 그리고 가혹성이 완화된 형태이면서도 보다 많은 보편성과 필연성이 따르는 처벌이 되어야 했으며, 궁극적으로는 처벌권을

사회구성체 속에 보다 깊숙이 집어넣도록 하는 것이었다.(『감시와 처벌』, 136~137쪽)

이런 상황에서 범죄는 군주에 대한 공격이 아니라 사회에 대한 공격으로 전환된다. 사회 내부에서 사회를 공격하는 범죄자는 외부에 있는 적보다 더 위험하고 나쁜 존재가 된다. 군주의 권한을 침해했던 범죄자에 대한 처벌이 무거웠던 것처럼 사회의 안정을 파괴하는 범죄자도 무거운 처벌을 받아야 한다. 그것은 한 개인에 대한 범죄가 아니라 사회 전체에 대한 범죄이기 때문이며, 처벌은 사회 전체를 수호하는 일이 되기 때문이다. 사회 전체로 스며든 처벌 권력, 그래서 모든 잘못이 사회에 대한 공격이 되어 버리는 상황, 그야말로 "공포의 초권력"이 되돌아온 셈이다.

그럼에도 그것이 인간적인 형벌로 보이는 까닭은 처벌의 목표가 변했기 때문이다. 예전에는 중죄에 대해서는 가혹한 처벌이, 경미한 범죄에 대해서는 작은 처벌이 행해졌었다. 그러나 아무리 중한 범죄라고 해도 사소한 범죄에 비해 그 영향이 작을 수도 있지 않은가. 그래서 징벌은 이렇게 범죄의 잔인성에 비례하는 게 아니라 사회 질서에 미치는 영향에 의해 결정되기 시작한다. 이미 저질러진 범행을 원상태로 되돌릴 수는 없는 노릇이니 그 효과를 차단하는 게 문제가 된 것이다. 지나간 범행에 대해서가 아니라, 앞으로 있게 될 무질서에 목표를 두어야 하는 게 징벌의 목적이 된다.(『감시와 처벌』, 152쪽) 처벌은 일종의 본보기로서 모방범죄가 나오지 않게 하는 조치가 된다. 과거의 처벌이 징벌의 화려함과 잔인성을 통해 공포를 퍼뜨리면서 예방하고자 했다면, 이제는 "형벌 경제성의 원리"에 입각해 범죄를 사전에 방지하기에 충분할 정도만 하면 되었던 것이다. 일회적인 행사처럼 진행되는 처벌은 범죄의 사회적 영향에 비해 과잉 처벌이 되었고, 따라서 범죄 예방의 효과가 거의 없었다고 할 것이다. 반면 권력경제적으로 효과적인 처벌은 예방에 적절한 수준을 유지하면 되었기 때문에 과거에 비해 완화된 처벌로 간주되었다. 그래서 휴머니즘적 진보를 이룬 것처럼 보였던 것이지 휴머니즘적 진보를 위해 형벌이 부드러워진 것이 아니다. 휴머니즘적 진보관은 역사의 진행과정에 대해 사실상 무력한 사유 방식이다. 문제는 권력의 정치경제학이다.

불모의 권력에서 생산의 권력으로

•불모의 권력에서 생산의 권력으로

공개된 신체의 진실과 권력의 화려함

권력은 과연 사회적 진실을 가로막는 은폐물인가? 저 사악한 권력만 없다면 우리는 착취의 진실과 억압의 진실을 알아챌 수 있고, 그리하여 권력의 이데올로기적 은폐술을 분쇄할 수 있을 것인가? 그러나 권력은 그렇게 순전히 폭력적으로 작동하지 않는다. 권력은 그것이 심지어 정신에 대해 작용하고 있을 때조차도 이데올로기에 의해 수행되는 것이 아니다. 그리고 권력은 그것이 육체를 짓누르고 있는 경우조차도 필연적으로 폭력이나 억압에 의해서만 작용하고 있는 것이 아니다.(들뢰즈, 『푸코』, 57쪽) 다시 말해 권력은 "무지의 효과" 위에서 기능하는 게 아니라 오히려 생산의 극대화에 의해 움직이는 기술이다. 그렇다면 저 과시적 공포의 권력 시대에도 무지의 효과는 작동하지 않았다는 말인가? 즉 절대

군주의 시대에도 진실(진리)의 생산은 가능했던 것인가?

고전주의 시대에 왜 그렇게 끔찍한 고문이 자행되었을까? 그게 순전히 신체를 억압한다는 의미만 갖는 것이었을까? 그러나 이 시대에도 '진실'의 생산은 중요했다. 신체를 놓고 벌이는 사법적 진실을 위한 대결, 그것이 바로 고문이었다. 고문을 당하는 용의자가 유죄라면 그 고통은 부당한 것이 아니었고, 혹 무죄가 된다고 하더라도 고문은 오히려 무죄의 진실을 증명하는 상징이 되었다. 고전주의 시대 고문은 하나의 징벌이었지만 동시에 진리를 이끌어 내는 절차적 수단이기도 했다. 만약 절반쯤 완전한 증거가 하나 있다고 해보자. 그러면 우리의 관습으로는 용의자는 무죄가 되겠지만 고전주의 시대에 그는 절반만 유죄인 자가 된다. 어떤 증거든 완벽해야만 증거의 능력을 인정받는 게 근대적 형법논리라면, 조금의 개연성만 있어도 그런 증거가 수십 개 모이면 완벽한 증거의 능력을 인정받는 게 고전주의적 형법의 논리다. 이를 "연속적인 점증법의 원칙"이라고 부른다.

진실인가 허위인가의 이분법이 작동하지 않기에 용의자는 유죄냐 무죄냐의 갈림길에 서지 않는다. 만약 절반의 증거가 모였다면 우선 절반의 처벌을 받아야 한다. 그가 '용의자'로 체포되었다는 것 자체가 벌써 완벽하지는 않아도 범죄를 저질렀다는 증거가 된다. 그러므로 그는 용의자인 상태에서 이미 얼마만큼의 처벌을 받아야 한다. 그래서 이미 모아진 단서를 근거로 처벌을 시작하면서, 동시에 아직 부족한 진실을 강제로 끌어내기 위해 고문을 사용하는 것이다. 그런 점에서 18세기 사법상의 고문은 진실을 생산하는 의식儀式이 처벌을 부과하는 의식儀式과 병행해 나가는 그러한 기묘한 경계에서 작동한다. 따라서 신체형의 형벌에서 심문당하는 신체는 징벌의 적용 지점이자 진실 강요의 장소이다.(푸코, 『감시와 처벌』, 81쪽)

증거를 수합하는 과정만이 아니라 형의 집행단계에서도 수형자의 신체는 진실을 생산하는 본질적인 부분이 된다. 모든 사람이 보는 공개된 장소에서 형벌을 받는 죄인의 신체는 유죄 선고를 스스로 내리는 신체이자 범죄라는 진실을 증명하는 신체가 된다. 진실을 담지한 신체는 은폐되어서는 안 되었다. 따라서 처형의 마지막 순간을 진실의 충만한 빛을 위해서 확보해 놓기 위한 여러 절차가 생긴다.(『감시와 처벌』, 82쪽) 사형수가 처형되기 전에 범죄를 재현하게 하는 것이나 사형수의 사체를 범죄 현장에 공시해 놓는 경우도 신체와 진실의 연관성을 확보하고자 하는 노력의 일환이었다. 신체는 진실을 명시하는 것이자 권력의 운용술이 집중되는 대상이었다. 이런 권력의 구조가 고전주의 시대의 형벌로서 신체형을 요구했던 것이다.

고전주의 시대 신체형을 고찰할 때 중요한 것은 그 형벌의 비인간적인 면모보다는 권력의 운용이라는 관점이다. 근대와 달리 고전주의 시대에 신체형이 사법적 실행의 단계에서 이렇게 확고한 위치를 차지했던 것은 진실을 명시하는 그 시대 고유의 방법과 권력의 운용 방법 때문이었다.(『감시와 처벌』, 99쪽) 문서상의 범죄 사실과 범죄자의 자백이 연결될 수 있는 것은 고백하는 신체이자 고문당하는 신체가 있었기 때문에 가능한 것이었다. 이렇게 신체는 범죄의 진실을 재현하고 범죄를 모두에게 알리는 장소였다. 또한 통치자가 제재할 수 있는 장소, 혹은 권력을 과시하기 위한 정착점, 쌍방의 힘의 불균형을 공고히 할 기회를 보장하는 곳이기도 했다. 어떤 처벌기구든지 진실과 권력의 상관관계가 있기 마련이다. 근대적인 처벌기구와 달리 고전주의 시대는 범죄를 저지른 신체, 그리고 처벌을 받는 신체를 중심으로 진실이 탄생하고 권력이 자신의 안정성을 확보한다는 것이 특징적일 뿐이다.

이 시대의 권력을 다음처럼 간략히 정리할 수 있을 것이다. 죄인의 신체에 직접 영향을 미치는 물리적인 과시행위를 통해 고무되고 강화되는 권력. 범죄를 군주에 대한 적대행위로 만들고, 근본적으로 내란과 다를 바 없는 것으로 간주하는 권력. 왜 자신이 그 법을 적용하는지를 증명할 필요는 없지만 자신의 적이 어떻게 자신의 권력을 침해했는지 보여 주고자 하는 권력. 그래서 침해당한 만큼 되돌려 주려고 무자비하게 행사되는 권력. 끊임없는 감시 대신 과시행위의 화려함을 통해서 자신의 효력을 계속 쇄신시키기를 모색하는 권력. 화려한 의식행사를 통해 더욱 활력을 얻는 과잉의 권력.(『감시와 처벌』, 101~102쪽)

위험인물의 탄생 : 이성/광기를 가로지르는 비정상의 영역

물론 고전주의 시대의 권력기제는 18세기 이후의 권력기제보다는 훨씬 더 네거티브했다. 범죄를 확정하는 진실을 원했지 범죄자의 성향과 내력 등을 원한 것은 아니었기 때문이다. 그러나 앞에서도 얘기했듯이 주의해야 할 것은 네거티브한 권력이라 해서 아무것도 생산하지 않는 불모의 권력이라는 뜻은 아니라는 사실이다. 고전주의적 권력의 모델을 대표하는 것이 바로 '나병 모델'이다. 나환자를 시외로 추방하고 감금하고 배제하는 권력. 반면 근대적 규율권력의 성격은 '페스트 모델'에서 잘 보인다. 나병을 대하듯이 추방할 수 없는 질병인 페스트의 시기에 권력은 바둑판처럼 도시를 구획하고 관찰하고 감시하는 '검역'을 실시한다. 누가 병에 걸렸는지 알아야 전염의 확산을 막을 수 있듯이, 여기서 권력은 '세분화'하고 '개인화'하는 방식으로 작동한다. 그런 점에서 페스트의 순간은 정치권력에 의한 주민의 분할 지배가 철저하게 이루어지는 순간이며, 권력의 미세한 분기들이 끊임없이 개인과 맥이 닿아 그들의 시간·공간·환경 그리고 육체에까지 침투해 들어가는 순간이라고 할 수 있다.(푸코, 『비정상인들』, 67쪽) 이렇게 해서 권력의 테크닉이 변한다. 내쫓고 제외하고 금지하고 주변부로 몰아내는 억압적 권력 테크닉에서 관찰하고 모으는 권력, 개인에 대한 세분화된 지식(진리)을 형성하는 포지티브한 테크닉으로.

진실(지식)의 관점에서 본다면 고전주의 시대와는 다른 "별

종의 진실"이 문제되는 시대로 진입한 것이다. 이를 광기와 형벌의 관계에서 살펴보자. 중세 때의 재판은 범죄의 진실을 확정해서 주범을 규정한 다음 그 범죄에 법률적 처벌을 내리는 일을 의미했다. 즉 "범죄의 인지, 책임 주체의 인지, 법률의 인지"(『감시와 처벌』, 47쪽) 이 세 가지가 재판의 확립을 가능하게 했다. 여기서 중요한 것은 범죄자가 어떤 인물인가가 아니라 누가 범죄를 저질렀는가이다. 그런데 이제 형사재판에 이와 전혀 다른 진실(지식)의 문제가 추가된다. 단순히 그 살인이 위법인가 아닌가를 묻기보다는 그 살인이 도대체 어떤 성격의 것인지 묻게 되고, 그러다 보니 예전에는 중요하지 않던 환각이나 우발 혹은 도착의 성향을 따져 묻게 된다. 그리고 단순히 범죄자가 누구인가를 묻기보다는 범죄자와 살인과의 인과관계, 즉 본능과 무의식, 환경과 유전의 내용을 묻기 시작한 것이다. 그리고 어떤 법률을 적용할 것인가의 문제 대신 어떤 조치가 범죄자의 장래와 교정 가능성에 적절한 영향을 줄 수 있을지를 따지게 된 것이다. 요약하자면 범죄자 개인에 대한 평가와 진단, 적절한 규범과 교정 가능성에 대한 판단의 총체가 형사재판의 골격 속에 자리 잡게 된 것이다.(『감시와 처벌』, 48쪽)

과거에는, 범죄자가 광인이라면 그에게서 범죄 자체의 문제가 증발되었다. 유죄이면서 광인이라고 동시에 선고할 수는 없었기 때문이다. 그런데 19세기부터 이상한 판결들이 내려지기 시작한다. 정신이상의 상태에서 저지른 범죄의 경우, 중죄도 아니고 경범죄도 아니어야 하는데도 쉽게 이해할 수 없는 불합리한 판결들이 지속적으로 내려졌던 것이다. 즉 광인이면서 동시에 유죄일 수 있다는 판결, 유죄라면 처벌해야 하는데 그 대신 감금하고 간호해야 한다는 새로운 판결들이 등장했던 것이다. 저런 흉악한 범죄를 저지른 자는 바로 저 사람이므로 여차여차한 형벌을 적용하면 된다는 고전주의 시대의 판결문은 사라진다. 대신 판결문에는 새로운 내용들이 나타난다. 범죄자의 과거가 어떻고, 어떤 무의식적 심리 경향에 의해 그런 범죄를 저질렀고, 이 사람을 어떻게 감금하고 교정하는 게 장래에 유리할지 등등. 이제 판결문은 위법성을 확인하는 데 그치기보다는 그 사회의 정상적인 규범이 무엇이고, 그가 이 규범을 어떻게 어겼는지 그 내면을 해부하면서 교정하고 치유하려는 시도에까지 이른다.

이런 과정을 거쳐 광기는 중죄를 소멸시키지 못하고 오히려 모든 중죄 혹은 극단적으로는 모든 범죄 속에 광기나 비정상의 상태가 가로놓여 있다는 가설을 초래하고 만다. 그리하여 우리는 이제 잠재적으로 비정상인이거나 광인이다. 우리는 언제든 범죄를 저지를 수 있는 소질을 잠재적으로 품고 있는 위험한 존재가 된다. 이제부터 판결은 단순히 유죄나 무죄에 대한 판단보다는 규범성에 대한 평가에 가까이 접근하게 된다. 이것이 바로 규율권력과 관련되는 부분이다.

그렇다면 '규율권력'의 목표는 무엇일까? 규율권력은 앎의 의지만큼이나 '처벌의 기술'을 갖고 있다. 품행이 좋지 못한 학생에 대한 처벌이나 총검술을 익히지 못한 군인에 대한 처벌은 동일한 기제의 작동이다. 미시적 형벌이라고도 할 수 있는 이러한 처벌은 '억압'하기보다는 '교정'하고자 한다. 허용과 금지의 사법적 형식보다는 교정과 개선, 동질화를 목적으로 하는 규범화 normalization 를 목표로 하는 것이다. 비합법적인 자의 추방과 배제로는 설명할 수 없는, 규범화와 교정이라는 새로운 영역이 탄생한 것이다. 그것이 곧 '위험인물'이라는 새로운 인간형의 생산이기도 하다. 그곳은 정신의학자의 개입과 판사의 역할 변화를 통해 만들어지는 새로운 권력의 지대이다.

19세기 초, 한 젊은 여자의 충격적인 살인 현장을 보자. 첫 남편에게 버림받고 사생아를 둘 낳은 코르니에라는 여자가 파리의 어느 가정에 하녀로 들어간다. 어느 날 이웃집 여자의 19개월 된 아이를 봐주겠다고 자청한다. 코르니에는 여자아이를 자기 방으로 데려간 다음 미리 준비한 칼로 아이의 목을 잘라 한 손에 들고서는 15분 동안 가만히 서 있었다. 그리고 아이의 머리를 창밖으로 던지고 나서 이웃집 여자가 아이를 찾으러 오자 댁의 아이를 죽였다고 차분히 말했다. 잡힌 다음 그녀는 범행 이유에 대한 질문에 그냥 그러고 싶어서 그랬다고 천연스레 대답한다.(푸코, 『비정상인들』, 138쪽) 바로 이 엽기적인 살인을 중심으로 사법과 정신의학이 규율권력 속에서 포획되는 과정이 형성된다.

그녀는 왜 살인을 저질렀는가? 이유가 없다! 다시 말해 어떤 이해관계도 없이 그녀는 아이를 죽였다. 검찰 측으로서는 당혹스럽기 짝이 없다. 살인은 발생했는데, 아이를 죽인 이유가 없는 것이다. 그러자 검찰은 그녀의 이성이 명료했다는 사실을 들어 광기가 아니라고 주장한다. 어떤 환각도 없이 맑은 정신 상태에서 살인을 저질렀는데, 그 증거로 검찰이 제시한 것은 범죄를 면밀히 계획했다는 것, 살인을 저지르고 나서 스스로 "이건 사형감이야"라고 말했다는 것 등이었다. 검찰은 어떤 이유에서 살인을 저질렀는지 밝혀야 했음에도 그 이유 없음을 설명하지 못한 채 대신 이성이 맑은 상태였다는 사실을 들어 유죄를 주장한 것이다.

그런데 웃긴 일은 변호인 측도 그녀의 이유 부재를 들어 변호했다는 점이다. 이유가 없다, 그러므로 그녀는 광기다. 원래 방탕한 그녀는 삶의 굴곡을 겪다 우울해졌고, 이것이 병의 원인이 되었다. 그래서 가끔씩 정신이 멍한 상태에 있기도 하는데, 이렇게 행위와 인물 사이에 균열이 있는 것 자체가 병들어 있다는 뜻이라고 주장한다. 따라서 살인을 저지를 당시의 그녀와 그 이전의 그녀는 동일하지 않다. 검찰 측의 논거였던 "이건 사형감이야"라고 스스로 말했다는 사실을 그대로 받아들여 변호인은 그것이 그녀의 도덕적 의식이 명료했다는 사실을 증명하며, 그럼에도 불구하고 병든 신체는 살인을 저질렀다는 사실을 강조한다. 도덕적 정신과 병리적 신체의 균열, 이것이 그녀의 무죄 이유였다.

이 순간이 중요하다. 도덕적 의식이 명료했음에도 그 의식을 뚫고 나오는 '그것'은 무엇인가? 당시 변호인 측 정신감정가들은 그녀의 병리적 상태를 설명하면서 "억제할 길 없는 감정", "그 근원을 책임질 수 없는 잔혹한 성향", "격렬한 열정의 에너지"와 같은 표현을 사용한다. 여기서 바로 '본능'이라는 개념이 탄생한다. 검찰 측이든 변호인 측이든 모두 이유의 부재를 그녀의 주요한 특징으로 든다. 바로 이 이유 없는 행위가 본능의 역동성에서 나오는 것으로 해석되기 시작하는 것이다. 광기는 아니지만 모든 크고 작은 변칙적 행동들을 질병과 정신병의 주변으로 끌고 갈 수 있었던 것은 바로 이 본능에서였다.(푸코, 『비정상인들』, 161쪽) 과거에는 미쳤음과 미치지 않았음의 이분법만이 존재했다면, 이제 본능의 발견과 더불어 이성/광기를 가로지르는 비정상의 영역이 탄생한 것이다. 우리가 본능을 가지고 있다면, 그것이 통제 불가능한 것이라면 우리는 모두 "작은 변태"들이고 위험한 인물이 되는 셈이다. 이런 점에서 '비정상'은 '위험'과 관련되고, 이 위험한 본능에 대한 추적은 개인의 과거에 대한 추적이 된다. 정신의학에 발생론적 병리학, 혹은 진화론적 병리학이 끼어드는 것이다.

이제 정신의학자들은 범죄자의 과거이력과 성격, 욕망에 대한 추적을 통해 그 개인이 얼마나 '이미' 자신의 범죄와 닮았는지를 보여 주려 노력했다. "심리적 미숙성", "구조화되지 않은 인격", "깊은 불균형" 등 발달과 완전성에 이르지 못한 인격이 문제되고, "현실에 대한 부정적인 평가"라는 현실적 기준의 미달도 문제가 된다. 범죄자의 내력을 조사해 보고는 어릴 때부터 심리적으로 미숙하고 구조적으로 불완전한 인격을 소유하고 있다는 규정을 내렸다고 해서 그들이 범죄자가 되기 전에 어떤 법을 위반한 것은 아니다. 그러나 뭔가는 위반했다. 사회에 적응하지 못하고, 무질서를 좋아하고, 이상하고 기괴한 행동을 일삼고, 도덕을 증오하고, 법을 거부하는 등 "병리적·심리적·도덕적 기준에서의 불법"은 저지른 것이다. 이제 새로운 '위반'이 문제로 부상한다. 질병과 비슷하지만 질병은 아니고, 법적인 위반은 아니지만 어떤 위반이기는 한, "심층적 애매성"의 영역이 탄생한 것이다.

이 유사-병리학적이며 하위-법률적인 애매성 아래에, 그 모호한 심층적 지대에 사람들은 욕망의 형태를 띤 주체의 모습을 새겨 놓았다.(푸코, 『비정상인들』, 38쪽) 범죄적 욕망을 '이미' 가진 주체에 대한 정신의학자의 분석은 그런 점에서 판사의 역할을 띤 것이었다. 정신의학자의 관점에서 그런 주체들은 법률적으로는 책임이 없을지라도 어쨌든 나중의 범죄에 책임이 있게 될 존재였던 것이다. 사법적으로 재단할 수 없는 이런 주체는 재활 기술과 교정 지식의 대상이 된다. 까닭은 위법성보다는 '심층적 애매성'에 따른 위험성에 있었다. 언제 범죄자로 돌변할지 모르는 규범 미달의 인간들. 이제부터 이 위험인물의 관리 역할을 책임지는 것이 규범화의 테크닉이다. 규율권력은 법적인 개인의 협소한 지평에서 규범화 기술의 심층적이고도 드넓은 영역으로 자리를 옮긴다. 그런데 우리 상식과는 달리 이 규범화 기술과 규율권력은 사법 영역에서도, 정신의학 영역에서도 탄생하지 않았다. 그러므로 사법제도나 의학제도를 분석한다고 해서 규율권력의 탄생과 그 성격에 대한 분석에 성공적일 수는 없다. 근대사회를 통해 의학지식과 법률적 권력을 식민화하고 말살하기에 이른 것은 그 기원이 전혀 다른 규율권력이라는 제3의 권력이었다.(푸코, 『비정상인들』, 44쪽) 그것은 이제 '정상'과 '비정상'의 척도 속에서 인간을 개인화한다. 이런 문맥에서 어른보다는 어린이가, 건강한 사람보단 환자가, 정상인보단 광인이나 비행자非行者가 더 개인화되는 건 당연할 것이다. 교정과 적응의 권력작용이 이들에게 더 집중되기 때문이다. 그래서 우리 문명 안에서는 개인화의 모든 메커니즘이 어린아이, 광인, 환자, 비행자 등을 중심으로 가동되고 있다고 할 수 있다.(『감시와 처벌』, 301쪽)

일람표와 시간표 : 규율된 신체를 제조하다

규율은 복종하고 훈련된 신체를 만들어 내고자 한다. 그리고 이를 위해 규율은 세부적인 것에 집중한다. 까닭은 그 세부적인 것에 엄청난 의미가 숨겨져 있기 때문이 아니라 바로 그 세부적인 것을 장악해야 규율권력이 작동할 수 있기 때문이다. 고전주의적 신체가 하나의 덩어리를 이뤘다면 이제 분할된 신체와 그 세부적인 것에 대한 꼼꼼한 시선이 근대적 권력의 특징이 된다. 근대적인 인간은 이렇게 사소한 것에 대한 감시와 규율에서 탄생했을 것이다. 이제 규율권력이 작동하는 구체적인 방법론을 살펴보자.

먼저 규율은 공간에 따른 개인의 분할을 실행한다. 공장이든 감옥이든 학교든 병영이든, 개인에겐 각자 정해진 자리가 있고 지역마다 할당되는 개인이 있게 된다. 노동자든 군인이든 그들을 파악할 수 없는 무리의 밀집 형태로 놔두기보다는 작은 요소와 단위로 분할하려는 경향이 생긴다. 개개인의 소재를 파악하고 연락체계를 확립하고 개개인을 평가하고 제재하기 위해서라도 규율은 "분해를 위한 공간"을 조직하는 일을 중요하게 여기게 마련이다. 가령 공장을 보자. 작업장 중앙통로 양편에 일렬로 늘어선 작업대가 있고, 작업대마다 직공과 보조직공이 붙어서 일을 한다. 이렇게 공간적으로 위치가 할당되면 관리자는 중앙통로를 쭉 걸어가면서도 출결상황과 근면성, 숙련도와 생산성, 작업의 진행 과정을 감시하면서 일람표를 작성해 비교분석할 수 있게 된다. 대규모 공장이 들어서고 대규모 산업이 발생할 때 생산과정과 노동력이 공간적으로 분할되지 않으면 그것은 효율적으로 기능하지 못한다. 다시 말해 근대의 거대공장과 산업은 이와 같은 규율 중심의 공간 배치에 따른 것이었다.

규율공간의 배치는 서열 중심이라는 점이 특징적이다. 학급을 보자. 난이도에 따라 학습내용이 결정되는 것도, 연령순에 따라 학급이 배치되는 것도, 교실이나 운동장에서 학생을 정렬시키는 것도 모두 서열을 통해 정해진다. 그리고 이 서열은 고정되지 않고 학생 개개인의 나이나 품행, 성적에 따라 매번 변화한다. 전통적인 교육방법은 선생이 한 학생과 몇 분 동안 얘기하고 있을 동안 나머지 학생들은 어수선하게 놀고 있는 장면을 보여 준다. 그러나 서열 중심적 공간편성에 의해 각자의 자리가 정해지면서 개인에 대한 통제와 학생 전체의 동시학습이 가능해진다. 감독자의 시선에 작업장이 한눈에 보이는 방식과 마찬가지로 교사는 교실을 "여러 항목이 들어 있는 일람표" 같은 모양으로 한눈에 조망하고 감시할 수 있게 된다.

18세기에 '일람표'는 권력의 테크닉인 동시에 지식(진리)을 얻는 방법이었다. 규율의 첫번째 조작은 혼란스러운 집단을 질서가 잡힌 집단으로 바꾸는 일람표를 만드는 것에서 시작하기 때문이다. 식물원을 정비하고, 생물체의 분류체계를 세우고, 병사들을 검열하고, 환자들을 배치하고, 질병의 체계적 분류를 행하는 모든 일은 일람표의 작성과 함께 가능해진 것이다. 배치와 동시에 분석하고, 통제와 동시에 이해 가능하게 만드는 일람표야말로 근대적인 규율권력의 핵심적 특징이다. 그렇다고 일람표가 장부나 생활기록부에만 존재한다고 생각할 필요는 없다. 우리는 이미 하나의 일람표의 구성요소이며 일람표의 틀 아래 조직화되어 있다. 일람표는 우리 외부에 존재하는 게 아니라 우리를 관통하고 있는 권력의 작동이다. 이렇게 일람표는 하나의 집단을 개별적인 요소들로 분할하면서 통합하는 권력의 테크닉이다. 규율의 전술은 개별적인 것과 집단적인 것을 연결하는 축 위에 자리 잡는다.(푸코, 『감시와 처벌』, 235쪽) 개인을 개인으로 특징짓는 동시에 다수에 질서를 부여하는 전술, 개별과 동시에 전체를 통제하고 활용하는 전술.

공간의 분할과 함께 시간의 분할이 행해진다. 우리는 아침에 일어나서 씻고 밥을 먹고 학교에 간다. 우리의 어릴 적 삶의 패턴이 아마 이랬을 텐데 규율의 분할은 이보다 훨씬 더 정교하다. 분 혹은 초 단위로 시간이 계산된다. 세부적인 시간까지 분할된 시간표의 작성. 등교 시간, 1교시, 쉬는 시간, 2교시, 쉬는 시간 등등. 또 우리는 하루 시간표부터 작성하면서 방학을 시작했다. 시간의 분할은 근대적인 주체가 되는 통로였다. 그러나 이렇게 단순히 시간표를 작성하는 것만으로 시간 분할이 완성되는 것은 아니다. 그렇다면 계획한 방학 시간표대로 따르지 않아도 아무 문제가 안 되기 때문이다. 근대적인 규율권력의 시간 분할은 신체를 관통한다.(『감시와 처벌』, 239쪽) 시간은 지켜도 되고 안 지켜도 되는 외부에 존재하기보다 신체 내부에 새겨진다. 예전에는 행진할 때 병사들에게 오른발부터 내딛도록 정해진 규정이 전부였지만 이제 1초당 보폭의 길이와 횟수 등이 정밀히 규정된다. 행위는 여러 요소로 분해되고, 신체와 팔다리·관절의 위치가 정해지면서 그것들의 연속적 순서가 엄밀하게 정해진다. 시간을 효율적으로 사용할 수 있게끔 신체가 철저히 분할되고 전체적으로 조직될 수 있도록 권력이 치밀하게 통제하기 시작한 것이다. 시간의 분할에 의해 관통된 신체가 되어야만 우아한 동작의 군인이 될 수 있는 것이다.

신체의 분할 및 조직화와 함께 신체와 여러 사물과의 관계도 조직화된다. 예컨대 총검술은 총과 신체의 관계를 세밀하게 분할해서 양자가 톱니바퀴처럼 작동할 수 있게 만든 것이다. 신체의 계열(오른손, 왼손, 손가락, 무릎, 눈, 팔꿈치 등)과 객체의 계열(총신, 가늠쇠 구멍, 공이치기, 나사못 등)이 분할되면서도 조직되는 것이다. 이를 '교련'이라고 부르는데, 교련은 신체와 물체가 맞닿는 모든 곳에 권력이 스며들 수 있도록 하는 권력의 테크닉이다. 총과 신체의 기계적 관계. 그러므로 권력은 하나의 '실체'가 아니라 신체로 하여금 총이나 작업도구와 효율적으로 연결되도록 강제하지만 쉽게 볼 수 없는 작동기제다. 그래서 푸코는 권력이 병기의 신체, 도구의 신체, 기계의 신체라는 복합체를 만들어 내는 것이라고 말한다.(『감시와 처벌』, 242쪽) 여기서 생산물을 강탈하는 권력(네거티브한 권력)이 아니라 생산기구와 강제적으로 연결되도록 만들고 이를 통해 전투력과 노동생산력, 지식생산력을 증가시키는 권력의 모습(포지티브한 권력)이 다시 확인된다.

훈련병과 고참병이 다르듯이 시간의 분할도 발달 수준이나 경력, 지위에 따라 다르게 규정되어야 한다. 1학년의 규범을 마쳐야 2학년의 규범이 있듯이 시간의 분할은 몇 단계의 분해를 통해 진행된다. 한 단계의 끝에는 새로운 단계의 시작이 있고, 이런 "연속적인 활동의 계열화"는 세밀한 통제와 매 순간의 빈틈없는 대응을 가능케 해준다. 1학년에서 2학년으로, 다시 3학년으로, 학년의 연쇄는 계속되고, 고등학교를 마칠 때까지 빈틈은 없어야 한다. 다시 학생의 계열은 군대의 계열 그리고 노동자의 계열과 이어져야 한다. 군대에 가면 더 이상 학생이 아니다. 공장에 가도 더 이상 군인이 아니다. 그러나 이처럼 서로 다른 계열상에서도 연쇄는 계속돼야 한다. 공장의 노동자가 다시 학생의 유년시절로 퇴행할 수는 없다. 물론 노동자가 공부는 할 수 있다. 그러나 그것은 노동의 계열을 증식시키기 위한 생산의 공부여야 한다. 이렇게 해서 규율은 매 순간 서로 통합되면서 최종적인 확고부동한 지점을 지향해 가는 직선적 시간을 출현하게 했다고 할 수 있다.(『감시와 처벌』, 253쪽) '진보'나 '진화'와 같은 사회적 시간의 출현은 과학기술의 발달보다는 개인을 단계적으로 형성시키려 시간적으로 분할통치하던 규율권력의 기능과 그 관련성이 더 많다고 볼 수 있다.

시험 : 미시적 교정과 처벌의 기술

규율권력의 규범화 기술은 추방과 배제보다는 교정을 원하고, 사회로의 재적응과 재통합을 원한다. 그러기 위해서는 우선 개인을 철저히 해부하고 알아야 할 필요가 있다. 감시와 앎, 그리고 교정이라는 새로운 태도가 동시적으로 작동하는 권력. 규율은 법률의 공백지대를 바둑판 모양으로 분할하면서 대규모의 형벌제도가 무심히 지나치는 모든 것들을 평가하고 처벌한다. 적법/위법의 틀이 느슨한 격자라면 정상/비정상의 틀은 더 세밀한 격자다. 그리고 실제로 우리 삶에서 문제가 되는 것은 위법이 아니라 작은 일탈들이다. 시간(지각·결석·일의 중단), 활동(부주의·태만·열의 부족), 품행(버릇없음·반항), 말투(잡담·무례함), 신체(단정치 못한 자세·부적절한 몸짓·불결) 및 성의 표현(저속함·추잡함) 등은 사법의 대상이 아니라 규율권력의 처벌 사항이다.(『감시와 처벌』, 281쪽) 규범과 규칙에 미달할 때 징벌을 통해 규격과 표준을 회복하고자 하는 게 규율의 미시적 형벌이다.

따라서 규율의 형벌은 보복이나 처벌보다는 교정의 의미가 강할 수밖에 없다. 총을 잘 쏘지 못하는 군인에게는 총 쏘는 훈련을 더 많이 부과하고, 풀어야 할 문제를 풀지 못하는 학생에게는 더 많은 공부시간을 배정한다. 규칙을 다시 준수하게 반복적으로 강요하는 것, 이것이 교정이었으며, 벌주는 것 자체가 바로 훈련이었다. 그리고 이를 위해 당연히 서열이나 등급이 부과되었다. 낮은 서열과 등급은 그 자체로 처벌이었고, 높은 등급은 보상이 되었다.

위계질서적인 형벌제도 속에서 모든 군인과 학생, 노동자는 동일한 표준에 의해 동일한 주체로 생산되어야 했다. 이 규범에서 벗어나는 자가 일탈자이자 위험인물이 된다. 매 순간 개개인의 행위를 비교하면서 처벌하고, 서열화하면서 동질화하도록 압박하는 것이 바로 규격화다.

그리고 개개인의 특성을 포착하고 분류하고 처벌할 수 있게 '가시성의 대상'으로 만드는 가장 효과적인 방법이 '시험'이다. 학생이든 노동자든 군인이든 죄수든 모든 사람은 시험을 봐야 한다. 시험은 개개인으로 하여금 규범적 척도에 얼마나 가까운지 그 정보를 제공하는 행위다. 개개인은 자신의 정보를 다 내놓지만 권력은 그 모습을 드러내지 않는다. 있는 것은 시험과 시험 보는 학생, 감시하는 선생뿐이다. 그렇다고 선생이 시험의 권력을 행사하는 것은 아니다. 심지어 감시하는 선생 없이 '자율적으로' 보는 시험도 있지 않은가. 내면에 들어선 경찰. 전통적인 권력이 자신을 과시하는 반면 권력의 영향을 받는 사람들을 어둠 속에 두었다면, 규율적 권력은 자신의 모습을 미시적인 기능으로 바꾸어 보이지 않게 하면서 오히려 복종하는 사람을 가시성의 원칙 아래 둔다. 따라서 시험은 권력 행사에 있어 가시성의 경제를 역전시켜 놓았다고 할 수 있다.^(푸코, 『감시와 처벌』, 292쪽) 규율권력이 작동하는 모든 곳에 시험은 감시와 처벌의 방식으로 완전히 내재화되어 있다. 이런 점에서 과거의 정치적 의식儀式이 '개선식'凱旋式이라면 지금은 '사열'査閱이다. 개선식은 왕이 자신의 화려함을 군중들에게 보여 주는 것이지만 사열은 모든 병사들이 자신들의 규범화된 신체를 한 사람의 장군에게 보여 주는 것이다.

가령 병원과 의사의 새로운 관계를 보자. 17세기 의사는 병원 외부의 존재로 병을 진료하는 것 외에 종교와 행정적인 업무를 겸하고 있었다고 한다. 즉 병원의 일상적인 관리에는 참여하지 않았던 것이다. 그런데 회진(이것이 병원에서의 '시험'이다)이 규칙적으로 되면서 그는 병원의 운영에서 중요한 역할을 하게 된다. 환자를 지속적으로 검사할 수 있는 회진이라는 관찰제도가 생기면서 의사는 외부적 구성요소에서 병원 내부적 위계질서 안으로 들어온다. 가끔씩 환자가 생기면 치료만 해주었던 병원이, 단순히 빈민구호기관에 불과했던 병원이, 회진을 통해 환자에 대한 지식을 형성할 수 있는 장소로 바뀌게 된 것이다. 과거에는 환자를 치료하면 더 이상 의료기관과 관련이 없어지는 게 당연했지만, 이제 환자는 인간의 신체에 대한 지식을 제공하는 권력의 중요한 수단이 된 것이다. 권력은 환자에 대한 지식을 통해 임상의학적 권력을 행사하게 된다. 환자는 병원의 규율에 복종할 때만, 다시 말해 규범화된 환자가 되면서 동시에 자신의 정보를 지식으로 제공할 때만 환자로서 존재할 수 있다.

시험을 통해 개개인의 활동과 능력이 기록되고 보존되면서 개인에 관한 모든 '기호체계'가 형성된다. 권력과 지식이 중첩되는 현상은 이 시험(동시에 회진)에서 전형적으로 드러난다. 장부에 기입하고 서류를 구성하며 도표를 사용하는 기술이 우리에게 아무리 익숙하더라도 그것이 바로 개인을 대상으로 한 여러 근대학문의 인식론적 출현을 가능하게 했다는 사실에 주목해야 한다. 인간과학Human science은 인간이 존재하면서부터 발생한 게 아니라 바로 여기서, 다시 말해 신체와 동작, 행위와 품행에 관한 규율권력의 작동이 시작되면서 탄생한 것이다. 즉 인간의 신체와 행위와 내면에 대한 모든 지식들이 축적되어 있는 "고문서 보관소"에서 비롯되었던 것이다. 이렇게 권력은 억압하기에 앞서 실재적 지식을 생산한다. 그리고 잘 통제하기 위해 노동자들의 행동 방식과 특성들을 알아야 하듯이, 이데올로기화하거나 추상화하고 은폐하기 이전에 진리를 생산한다.(들뢰즈, 『푸코』, 54쪽) 그러므로 하버마스와 같이 권력의 이데올로기적 장애물이나 억압적 효과가 없다면 진리의 자유로운 소통이 가능할 것이라는 생각은 유토피아적인 것이라 할 것이다. 이러한 관점은 우선 권력관계가 그 자체로 나쁜 것이라고 생각한다는 점에서 너무 순진하고, 권력관계가 존재하는 모든 사회적 장이 비합리적이고 비이성적인 것이라고 생각한다는 점에서 너무 관념적이다.

지식인 : 양심의 대변자에서 삶의 전략적 요리가로

여기서 우리는 중요한 물음 앞에 서게 된다. 과연 이성의 진보라는 입장에서 권력의 문제를 사고할 수 있는가? 과거의 인간들은 모두 비이성적인 권력관계 속에서 살았고, 우리는 그보다 진보했다고 할 수 있는가? 그렇다면 우리 시대의 비이성이라고 할 수 있는 파시즘과 나치즘은 어떻게 설명할 것인가? 그것은 이성의 잘못된 사용이라는 예외적 상황인가? 만약 우리가 이런 관점을 취한다면 우리는 감옥으로 상징되는 규율권력에 대한 비판을 위해 감옥을 해체해 버리면 될 것이다. 그런데 감옥을 대신할 것이 늘 준비되어 있다면? 외부의 감시가 아니라 내면화된 감시가 문제라면? 파시즘이 잠깐의 '실수'가 아니라 근대적 권력기제에 내재하는 가능성이라면? 모든 사회는 특정 유형의 권력관계, 특정한 합리성rationalities의 체계를 작동시키고 있는 법이다.

단두대로 상징되는 저 공포의 권력이 흐르던 시대에도 사람들은 그것을 나름대로 받아들이면서 살았다. '나병 모델'처럼 추방하고 배제하고 감금해 버렸던 저 고전주의 시대에 일어났던 일을 살펴 보자. 그 시대는 '대감금'의 시대였다. 그렇다면 어떤 사람들을 가뒀는가? 성병환자, 방탕한 사람, 낭비벽이 있는 사람, 동성애자, 신성모독자, 연금술사, 자유사상가, 광인, 자살하려는 자, 탕아. 도대체 이들의 공통성이 무엇이지? 무슨 기준으로 이렇게 다양한 사람들을 한 공간에 수용했던 것일까? 지금 우리에겐 이해되지 않는 이 수용의 공간은 도대체 어떤 곳인가? 그곳은 가난에 대한 불안의 공간도 아니고, 질병의 공간도 아니다. 고전주의 시대만의 특이한 감성이 있었다. 법적인 것도, 학문적인 것도 아닌 이 은밀한 일관성에 대한 인식이 바로 고전주의적 합리성이다. 푸코는 이 다양한 사람들이 동일한 공간에 수용될 수 있었던 그 시대 나름의 합리적 기준이 바로 "비이성의 경험"*이었다고 말한다. 여기서 '합리성'은 이성적임을 뜻하지 않는다. 아무리 우리의 눈에 야만적이고 터무니없는 것처럼 보여도 그 시대 사람들이 받아들이고 살아가는 나름의 '합리성'이 있는 것이다. 그리고 이런 '합리성'은 시대마다 다른 기준을 갖고 있다. 그러므로 중요한 것은 광인을 가두는 정신병원에 대한 공격이 아니라 광인을 가두게 하는 그런 권력의 작동기제를 합리화하는 방식에 대한 질문이다.(푸코 외, 『미셸 푸코의 권력이론』, 83쪽)

지하벙커에서 국가의 자살과 초콜릿만을 원했다는 저 히틀러라는 주권자의 모습은 얼마나 우스꽝스러운가. 그런 천박하고 우스꽝스런 주권에도 불구하고 나치즘은 완벽하게 작동하지 않았는가. '권력의 질병'이라고 불리는 파시즘과 스탈린주의는 순전히 병적인 현상은 아니다. 그것은 예외적 상황이라기보다는 근대적 권력기제들을 활용하고 확장시킨 특정한 합리성의 형식인 것이다. 그러므로 '이성의 법정'에 세울 게 아니라 권력과 합리성

---

* 푸코, 『광기의 역사』, 193쪽. "이 비이성의 영역을 우리가 파악하기는 어렵지만, 이 영역에 대해 고전주의는 독창적인 반응방식, 말하자면 수용을 창안했을 정도로 충분히 섬세한 감성을 품고 있었다."

의 특정한 연계를 살펴봐야 한다. 고전주의 시대의 합리성이 있다면 근대의 합리성이 있는 법이다. 우리가 고전주의 시대의 대감금의 감수성을 이해하지 못하듯이 그들도 우리의 파시즘을 이해하지 못할 것이다. 이런 점에서 근대인인 우리만이 받아들이는 합리성의 체계가 있다. 우리는 이 체계 안에서 편안함을 느끼고 발언하고 행동한다. 여기서만 통용되는 논리가 있고 여기서만 가능한 진리가 있는 법이다. 우리는 이것을 '진리의 놀이'라 부를 수 있을 것이다. 이 시대의 발화와 행위를 가능하게 해주는 특정한 진리의 체계, 혹은 합리성의 체계를 '진리의 놀이'라고 부르자.

진리의 놀이는 진보하는 게 아니라 교체될 뿐이다. 게임의 장이 변하면 진리도 변하게 마련이다. 우리는 게임의 규칙을 바꿀 수 있을 뿐, 게임의 장에서 도망칠 수는 없다. 게임을 초월한 자도 있을 수 없으며, 게임을 하지 않는 자도 있을 수 없다. 게임의 규칙이 바뀌면 우리는 새로운 권력관계 속으로 들어갈 것이다. 그렇다고 그것을 너무 우울하게 여기지는 말라. 우울함은 권력과 진실을 대립적인 것으로 간주할 때만 나타나는 감정이기 때문이다. 모든 특정한 진리의 장은 특정한 권력관계 아래서 나타난다. 고전주의 시대의 과시형 권력이 범죄자의 신체와 범죄의 연결을 통해 진실을 확보하고자 했다면, 근대 규율권력 시대에는 신체와 내면에 대한 미세한 분할을 통해 인간과학의 지식들을 형성한다. 진리의 놀이가 다른 것은 권력의 기제가 다르기 때문이다.

과거 좌파 지식인들은 자신들만이 진실과 정의를 소유하고 있다고 생각했다. "보편적인 것의 대변자"로서 그들은 "우리 모두의 의식이자 양심"이었다. 이 지식인들은 정의의 대변자이고 법의 수호자이며, 권력의 남용과 부의 횡포에 맞서는 사람들이었다. 이런 점에서 그들은 고전주의적인 인간형의 계승자라 할 것이다. 그러나 진실(지식)은 권력 바깥에 있는 것도 아니며 권력을 결여하고 있는 것도 아니다. 진실은 자유로운 정신에게 주어지는 보상도 아니고, 오랜 고독 속에서 나오는 뼈아픈 인고의 결과물도 아니며, 해탈의 경지로 들어간 초인만이 누리는 특권도 아니다. 학생, 노동자, 군인, 환자, 죄수 등 이 사회를 구성하는 모든 신체에 대한 지식을 모으는 것이 규율권력이다. 규율권력은 이 지식을 기반으로 자신의 지배를 달성한다. 그러므로 진실은 정말 세상에 널려 있는 것이다. 그리고 각각의 사회는 독특한 진실의 체계를 갖고 있다. 무엇이 과연 옳은 것인지를 판단해 내는 언어행위의 메커니즘을 결정하는 것이 바로 진실의 체계다. 그리고 이 진실의 체계 속에서 사회 구성원은 사회적으로 공인된 진실만을 말하도록 강요받는다.(푸코, 『권력과 지식: 미셸 푸코와의 대담』, 165쪽) 이 진실의 체계를 빠져 나가 홀로 권력의 외부에서 진실을 소유할 수 있는 그런 보편적 지식인은 없다.

이제 지식인들은 보편적이고 만인에게 옳은 것을 위해 일하기보다는 특정한 삶과 노동의 조건을 만들어 내는 환경에서 일한다. 주택정책·병원·수용소·실험실·대학·가족·성적 관계·복지·경제정책·기술정책 등의 현장이 지식인들의 진리 조건을 형성한다. 이들을 푸코는 보편적 지식인과 대비해 "전문적 지식인"이라 부른다. 그들은 나름의 삶의 현장에서 실질적인 문제들을 겪고 있으며, 여기서 투쟁의 원천을 발견한다. 각각의 현장에서 다국적 기업이나 사법제도, 경찰기구나 부동산 투기자들을 적으로 설정하고 일상적 대중처럼 투쟁하고 있는 것이다. 그런 점에서 이제 보편적 의식을 대변하면서 글을 쓰는 것이 지식인의 특권은 아니게 되었다. 오히려 지식인은 서로 다른 지식에 수평적 관계를 맺어 준다거나 정치적 초점이 다른 여러 투쟁의 이슈들을 유기적으로 연관시키는 중개 역할을 하게 된다.(『권력과 지식: 미셸 푸코와의 대담』, 161쪽)

사회적 분업이 고도화되고, 경제적 영역에 고도의 과학 기술적 구조가 확대되면서 전문적 지식인은 더 중요해졌다. 광우병 문제가 터졌을 때는 수의학 전문가들이 대중들에게 전문 지식을 알기 쉽게 전해 주었고, 이것이 대중들의 마음을 움직여 촛불투쟁이 벌어졌었다. 복잡한 경제 문제에서도 마찬가지다. 한미FTA를 두고 벌어진 논쟁에서 그 협정의 경제적 효과와 예상되는 피해들에 대해 통계를 둘러싼 경제전문가들의 투쟁은 사회 전체의 복지에 엄청난 영향을 미친다. 그런 점에서 그들은 "영혼의 찬미자"가 아니라 "삶과 죽음을 요리하는 전략가"라 할 수 있다. 특정 분야의 정책이 삶을 파탄낼 수도 있고, 삶을 풍요롭게 할 수도 있다는 점에서 그렇다.

진실은 특정한 체계 속에서 생산되는 권력의 효과다. 그러므로 문제는 인간의 의식을 변화시키는 것이 아니다. 대신 진실을 생산하는 정치적이고 경제적이며 제도적인 체제를 바꿔야 하는 것이다. 권력의 체계로부터 진실을 해방시키는 것이 아니라 새로운 진실의 정치학을 만들어야 한다. 이 시대의 진실을 진실로 만들어 주는 권력의 특수한 효과, 혹은 특정한 합리성의 형식을 문제 삼는 것은 진실을 수호하는 싸움이 아니라, 진실이 갖는 정치경제적 영향력에 대한 줄다리기인 것이다. 지식인은 진실과 이데올로기의 대립 차원이 아니라 진실과 권력의 차원에 놓인 정치적 인물이다. 권력을 타도할 때 진실이 드러날 것이라고 여기는 태도가, 진실을 생산하는 권력, 권력과 진실의 상관관계를 보지 못하게 한다. 우리 시대의 지식(진리)은 자본의 증식과 권력의 통제만을 위한 지식에 한정되어 있다. 신체와 내면이 그런 지식 생산의 수단이 되어 버릴 때 우리는 그런 지식을 생산하는 권력체계에 적극적으로 참여하는 셈이다. 물론 이런 권력관계에서 빠져나가기는 어렵다. 그것이 의식적이고 무의식적인 측면 양쪽에서 진행되는 작업이기 때문이다. 그러나 자본의 증식과 권력의 통제를 위한 지식에 저항할 때 우리는 기존의 지식(진리)과는 전혀 다른 지식, 권력의 분할통치에 가로놓인 신체와는 다른 신체에 이를 수 있을 것이다.

사회의 국가화에서 국가의 통치화로

권력의 참모본부는 없다!
통치성 : 인구와 통계학과 정치경제학의 만남
사목권력 : 여호와는 나의 목자시니 내게 부족함이 없으리로다
생정치 : 인구에 대한 확률적 관리

• 사회의 국가화에서 국가의 통치화로

권력의 참모본부는 없다!

우리는 권력의 문제를 생각할 때 자주 국가에 특권적인 지위를 부여하는 경향이 있다. 정말 국가는 모든 권력을 좌지우지하는 "냉혹한 괴물"인가? 국가를 '접수'하면 권력의 문제는 해결되는 것인가? 중요한 것은 국가 내부의 권력이 운용되는 방식이지 권력의 소유자로서의 국가는 아니다. 생산관계를 특정한 계급에 유리하게 보존하고 있는, 타격의 특권화된 지점으로 설정된 국가. 부르주아계급만을 대변하고, 그들의 의도만을 관철시키는 그런 국가는 존재하지 않는다. 그런 이미지에 사로잡히면 국가가 도대체 어디에 존재하는지, 어떻게 존재하는지 알지 못하게 된다. 차라리 국가는 정당, 학교, 공장, 언론, 가족, 기업, 도시, 농촌, 커플과 같이 일상적인 차원들에 존재하는 수없이 작은 권력관계들에 의해서 생겨나는 어떤 "전체적 효과"라고 봐야 한다.(들뢰즈 『푸코』, 49쪽) 따라서 국가는 이 모든 것들 '위'에 있는 게 아니라 그 갈등이나 작동과 '함께' 존재한다고 해야 한다.

푸코가 말하는 '규율'이 가장 대표적인 사례일 것이다. 권력을 모세혈관 속에서 미시적으로 작동하게 하는 '규율'은 국가적 제도도 아니고 감옥과 같은 물질적 장치도 아니다. 국가가 획일적으로 규율을 명령하는 것도 아니며, 감옥이 규율을 만드는 것도 아니다. 학교든 공장이든 감옥이든 가리지 않고 작동하는 권력의 테크놀로지가 바로 '규율'이기 때문이다. 규율은 단지 교본에만 있는 것도 아니고, 상위의 명령자가 소유하고 있는 것도 아니다. 인간들의 관계 속에, 구체적으로는 신체와 영혼의 관계 속에 직접적으로 새겨지면서 작동하는 것이 규율이다. 규율은 다수의 인간을 질서정연하게 배치하는 기술이지만 다른 권력체계와는 달리 다음과 같은 전술을 특징으로 한다.(푸코, 『감시와 처벌』, 335쪽)

가능한 한 경비가 적게 들 것(경제적으로는 지출의 절감, 정치적으로는 비밀엄수, 최소한의 외부표현, 상대적 비가시성, 저항의 극소화 등). 다음으로 권력의 효과가 최대한으로 파급되도록 할 것. 세번째로는 권력이 행사되는 여러 기관(교육, 군대, 산업, 의료기관 등)의 성과가 권력의 경제적 효율성과 연결되도록 할 것. 다수의 인간과 생산장치의 다양화를 조정할 수 있는 기술로서의 규율은 그 작동의 방법으로 강제적 폭력보다는 부드러운 생산성을 목표로 하며, 작동의 범위로는 사회체 전체를 포괄한다. 이런 점에서 규율은 비가시적이지만 분명이 작동하는 근대적 권력이다.

규율은 집단이나 다수 '위'에 군림하는 것이 아니라 다수의 조직 '안'에서 움직이는 기술이며, 그런 점에서 장치나 제도를 운용할 수 있게 하는 내재적 기술이라 할 수 있다. 인구가 폭발적으로 증대하는 산업화시기에 다수의 인구를 관리하는 규율 없이는 자본의 축적도 불가능했다. 다수의 집단을 작은 '독방'으로 나눠 분할하고, 그 독방 내부에서 업무를 구분하고 통제하는 규율 덕택에 대규모화된 생산장치들의 작동이 가능해진 것이다. 가령 군대에서 활용된 시간·동작·체력에 관한 "분석적 분할관리 방식"은, 복종시켜야 할 집단들을 생산의 메커니즘으로 이전할 수 있게 하는 일반적 '도식'(다이어그램)으로 작동하기 때문에 노동의 분업 속에 곧바로 전환될 수 있었다. 군대에서 군인을 길들이는 규율이 공장에서 노동자를 길들이는 규율과 비록 내용이나 형식 차원에서는 다를지라도 같은 방식으로 작동하기 때문에 이전되는 것이다. 힘과 신체를 복종시키는 방법, 즉 규율의 '정치해부학'은 이런 식으로 다양한 정치체제나 기구, 혹은 제도를 통해 사용될 수 있었던 것이다. 따라서 규율은 제도나 장치의 차원과는 다른 차원에서 작동하는 내재화된 권력의 테크닉이라 할 수 있다.

규율은 법률-정치적 구조에 종속된 것도 아니고 그 구조의 직접적인 연장 형태도 아니다. 그렇다고 또한 독립적인 것도 아니다. 더 직접적으로 말해 본다면 법률적 구조가 작동할 수 있는 것은 규율 덕분이라고 할 수 있다. 군대에서 군인들이 농담하거나 시시껄렁하게 구는 것은 법을 위반한 건 아니지만 규율은 위반한 것이다. 그래서 그런 군인들에겐 얼차려라는 처벌이 가해지는데, 사실 이런 규율권력의 작동 속에서 '국방의 의무'라는 사법적 체계가 유지될 수 있다고 봐야 한다. 따라서 인간의 평등을 보증하는 법률 형태는 미시적이고 일상적인 메커니즘, 즉 규율로 형성된 불평등주의적이고 불균형적인 권력의 체계에 의해 그 바탕이 만들어졌다고 할 수 있다. 형식적이고 법률적인 자유의 기반을 마련한 것은 사법체계나 계약이 아니라 바로 신체 중심적이고 현실적인 규율이었던 것이다. 이런 점에서 "인간의 자유를 발견한 계몽주의 시대는 또한 규율을 발명한 시대였다."(『감시와 처벌』, 340쪽)

　이러한 사실은 노동계약 현장에서도 드러난다. 노동자가 공장의 규율을 받아들이는 것은 노동계약상의 법률적 약속에 따른 것일 터이다. 법률체계가 보편적 규범에 의거해 법적 주체를 규정하는 것이라면 노동자는 법이 정한 노동만 하면 될 터이다. 그러나 실제 공장에서는 품행이나 태도처럼 법적 해당사항이 없는 것들이 더 문제가 된다. 시선이 불량하다든지, 품행이 못마땅하다든지, 이상한 농담을 한다든지 할 때 노동자의 자격이 박탈되기도 한다. 실제로 요즘 생존 위협에 시달리는 비정규직 노동자들은 작업 시간에 잡담을 주고받았다는 이유로 휴대폰 문자를 통해(!) 해

고되고 있다. 법적으로 보장된 노동자의 자격과 계약적 관계를 무효화하는 게 바로 규율이다. 그런 점에서 푸코는 이런 규율을 "대항적 법률"이라고도 부른다. 개인을 상호 비교하면서 서열화하고 자격을 박탈하거나 무효화하는 것 등, 이 모든 권력의 불균등한 행사는 법률이 아니라 규율에 의해 가능해지기 때문이다.

또한 규율은 단순히 사람들을 지배하는 기술적 차원에만 자리하는 것은 아니다. 규율은 병원이나 학교, 공장이나 감옥을 질서화하는 데 그치지 않고 권력의 확대를 가능케 하는 모든 지식을 만들어 낸다. 임상의학, 정신의학, 아동심리학, 교육심리학, 노동의 합리화와 신체의 역학 등이 형성될 수 있었던 것도 바로 규율 덕분이었다. 지식의 형성과 권력의 증대가 독립적이지 않고 하나의 순환적 과정에 의해 규칙적으로 강화될 수 있게 한 것이 바로 규율의 힘이다. 그러므로 권력의 소재지를 논할 때 단순히 국가권력을 거론하는 것은, 이 모든 권력의 작동 방식과 양상들을 단순화하고 은폐하는 것밖에 되지 않는다. 사회체 전체를 관통하지만 비가시적으로 작동하는 미시적 권력, 학교나 공장을 불문하고 작동하는 신축성 있는 권력, 신체를 관통하면서 지식을 생산하는 포지티브한 권력, 법률적 차원을 보장하는 대항적 법률로서의 권력 등 이 모든 권력의 작동 양상을 국가-권력 하나로 환원할 수는 없는 것이다.

가령 감옥이 국가장치에 봉사한다고 해도 감옥이 국가권력의 강제에 의해서만 작동할 수 없다는 사실은 이제 명백해졌다. 그것은 국가와 떨어질 수 없는 것이기는 하지만 그럼에도 국가장치를 넘어서는 규율이라는 보완물 없이는 존재할 수도 없다는 사실을 알아야 한다. 죄수들의 동작과 신체적 활동, 내면의 생각까지 시공간적으로 분할하면서 감시하고, 게다가 그 감시의 시선을 신체 자체에 각인시키는 규율 없이 감옥이라는 거대한 장치가 작동할 수 있으리라고는 생각할 수 없는 것이다. 심지어 이렇게 말할 수도 있다. 파놉티콘과 같은 규율장치가 국가기구에 의해 이용된 게 아니라, 지역적으로 확산되어 있는 자잘한 파놉티콘의 체제에 국가기구가 의존하고 있다고.(푸코, 『권력과 지식: 미셸 푸코와의 대담』, 103쪽) 따라서 '새로운 기능주의'라고 명명된 권력에 대한 푸코의 분석은 그 권력의 근원으로서 국가와 같은 특권적인 영역을 승인하지 않으며, 행정부나 경찰과 같은 특정한 곳에 권력의 위치를 부여하지도 않는다. 권력은 분명 작동하지만 공간적으로 규정할 수 있는 위치나 장소를 갖지 않은 채 작동한다.(들뢰즈, 『푸코』, 50쪽)

그렇다면 권력은 국가에 귀속되기보다는 '편재'遍在한다고 봐야 한다. 바로 힘들의 차이가 존재하는 모든 곳에. 남성과 여성 간에 존재하는 권력은 어떤 공간적 위상에 놓인 것이 아니라 그런 힘의 차이에 따른 권력이다. 그러므로 이런 권력은 좋고, 저런 권력은 나쁘다는 속성을 갖는 대신 특정한 권력관계가 있을 뿐이다. 어떤 권력관계는 행동을 제약하고 다른 신체적 잠재성이 표현되는 것을 막지만, 다른 권력관계는 개인의 능력을 확장시킬 수도 있다. 그리고 권력은 위에서 오는 것이 아니라 "아래로부터 나온다." 민중이 권력을 만든다는 뜻이 아니라 모든 미시적인 힘의 관계가 만들어지는 곳에서 권력이 작동한다는 말이다. 이웃간 토지분쟁, 부자간 갈등, 가정 내 언쟁, 연인들의 성관계, 공적인 쟁의 등 역학관계가 있는 어느 곳이나 침입한다. 권력은 이렇게 미시적인 수준에서 작동하는 '미시물리학'의 대상이라고 할 수 있다.

편재하는 권력은, 좀 이상한 말이기는 하지만, 의도적이면서도 비주관적이다. 의도적인 까닭은 권력관계 구석구석에 계산이 스며들어 있기 때문이다. 이를테면 일련의 목표와 목적 없이 행사되는 권력은 없다. 가부장적인 남편이 아내와의 대화를 거부할 때는 자신의 우월한 권력을 유지하고 관철시키고자 하는 의도를 갖는다. 그렇다고 권력이 어떤 개별적인 주체의 선택이나 의도에 따라 그대로 달성되는 것은 아니다. 만약 아내가 그런 가부장적인 남편의 의도를 참지 못하고 이혼을 선언할 때 남편의 의도는 무력화된다. 그런 점에서 한 개인이나 집단의 주관적인 의도가 관철되는 게 아니라 두 힘의 대립과 투쟁 속에서 어떤 변형을 겪으면서 관철되는 것이다. 이런 점에서 푸코는 말한다. 권력의 합리성을 관장하는 참모본부를 찾지 말라고. 통치계급도, 국가의 여러 기구들을 통제하는 집단도, 가장 중요한 경제적 결정을 내리는 자들도 한 사회에서 기능하는 권력의 조직망 전체를 관리할 수 있는 게 아니기 때문이다. (푸코, 『성의 역사1: 앎의 의지』, 115쪽) 권력이 그렇게 표명되는 방식이 아무리 합리적일지라도, 그리고 권력의 목표가 완벽히 판독될지라도 그런 책략을 구상한 인물을 찾아서는 안 된다.

권력은 한 계급의 이데올로기를 실현하기 위한 장치가 아니다. 모든 계급을 위한다는 명목으로 피착취계급을 속이는 이데올로기로서의 권력은 없다. 부르주아들이 자신의 이익을 위해 '악의적으로'(즉 어떤 의도를 갖고) 권력을 오용한다는 게 속류 이데올로기론이자 권력론의 요체다(계급적 의도나 이데올로기 혹은 생산관계로 어떤 역사적 사건을 환원해서 해석하는 논법의 오류에 대해서는 푸코, 『사회를 보호해야 한다』, 49~53쪽 참조). 그런 속임수에 속은 피착취계급이 자기 계급의 이익을 침해하는 행위라도 그것이 사회 전체에 도움이 된다고 잘못 생각하는 허위의식에 빠져 착취구조가 온존된다고 말하는 것이다. 이런 관점에 선다면 피착취계급이 부르주아계급의 속임수를 간파하면 모든 문제가 해결될 것이다. 그런데 바로 이것이 문제다. 부르주아계급이라는 '참모본부'를 설정해 놓고 그 참모본부의 속임수를 까발리고 진실을 획득하면 피착취계급이 당연히 혁명의 대열에 뛰어들어야 한다. 그런데 아무리 부르주아가 속였다고, 그 속임수 덕택에 계속 착취를 당했다고 말해도 그런 '진실'이 노동자계급의 가슴을 강타하지 않는다. 아무리 진실을 알아도 노동자들은 움직이지 않는다. 오히려 선거철만 되면 노동자들은 가장 보수적인 인사들도 서슴

없이 뽑지 않는가. 이는 권력이 그렇게 누군가를 속이는 특정 계급의 이데올로기에 의해 작동하지 않기 때문이다. 그런 이데올로기론이나 권력론은 권력의 본성을 완전히 오해하고 있는 것이다.

'광기'의 사례를 살펴보자. 광인은 왜 감금됐을까? 부르주아 계급이 상승계급이 되고 사회적 지배계급이 되면서 산업생산에 불필요한 광인이라는 존재를 제거하지 않을 수 없었다고 생각하는 경향이 있는데, 이것이 바로 속류 이데올로기론의 전형적인 연역법이다. 부르주아의 계급적 의도만으로 광인 감금사태를 설명하는 것이다. '소아성욕' 억압 현상도 마찬가지 논리로 추론된다. 인간 육체가 기본적인 생산력이 되는 시대가 자본주의 발생기이므로 생산력으로 환원될 수 없는 모든 불필요한 소비를 추방하기 위해 소아성욕을 억압했다는 것이다. 그런데 여기에 대해 이와 전혀 다른 추론을 꺼낼 수도 있다. 노동력이 많으면 많을수록 자본주의 생산제도가 최대한으로 가동될 것이라면 더 일찍 성인을 만드는 게 나을 것이고, 따라서 소아성욕을 억압해 미성년의 상태에 고착화시킬 이유가 없는 것이다. 계급의식이나 생산관계 차원에서 얻으려는 답은 늘 "너무 쉽게 얻어진 결론"이다. 그래서 언제든 반대의 결론도 얻을 수 있다. 다 설명한 것 같지만 아무것도 설명하지 않은 채 머무는 것이 계급환원론과 이데올로기론이다.

그러므로 요인들을 부르주아 일반에게서 찾을 게 아니라 늘 주변 환경, 가정, 부모, 의사, 하급경찰 등 권력의 모세혈관에서 찾아야 한다. 바로 여기서 권력이 직접적으로 효과를 발휘하고 기능하고 있는 것이다. 광인을 감금하거나 소아성욕을 억압해야 한다고 생각한 부르주아는 없었다. 대신 부르주아체제가 흥미를 갖고 있었던 것은 추방 자체가 아니라 "추방의 기술화 과정"이었다. 추방의 메커니즘과 감시의 장치, 범죄와 광기와 성욕의 의학화, 이를 통한 신체와 내면에 대한 지식의 형성, 이 모든 것이 어느 순간부터 부르주아를 유리하게 만들어 주었던 권력의 미세 메커니즘이다. 부르주아가 진정 관심을 가졌던 것도 바로 이것이다. 부르주아는 광인에는 관심이 없었지만 그들에게 가해지는 권력에는 관심이 있었다. 중요한 것은 권력체계와 그 작동법이다.

근대국가는 진정 새로운 정치적 형식이다. 그것은 '개별화'하는 동시에 '전체화'하는 새로운 권력의 형식이다. 개별 신체를 잘게 분할해 관리하는 동시에 전체 인구를 관리한다. 국가는 순전히 전체의 이익만을 돌보는 정치권력이 아니다. 그리고 한 계급의 이익만을 대변하는 정치권력도 아니다. 만리장성을 쌓을 정도로 동원능력이 뛰어났던 고대 중국에서조차 이렇게 개별화하면서 전체화하는 정치적 테크닉을 교묘히 결합한 정치적 형식은 없었다. 이런 점에서 국가는 물론 새로운 괴물이지만, 그것은 권력의 새로운 작동기제와 관련해서 해명해야 하는 문제다. 권력의 기원을 국가로 설정할 수는 없지만 권력의 특정한 양상이 국가의 통치성의 형태로 드러난다는 게 푸코의 국가론이다. 권력의 단일한 실체로서의 국가는 "신비화된 추상"에 불과하지만, "가장 가공할 인간 통치의 형식들 중 하나"가 국가라고는 할 수 있는 것이다.

통치성 : 인구와 통계학과 정치경제학의 만남

국가는 권력의 단일한 실체가 아니다. 국가는 하나의 개체이거나 통일적인 실체일 수 없다. 국가라는 단일 실체를 통해 권력의 문제를 사고할 때는 필연적으로 군주의 모델로 빠져들게 된다. 영토를 통치하는 군주의 단일 의지. 그러나 국가는 리바이어던이라기보다는 여러 기제들의 활용을 통해 지배하는 통치권력의 특정한 양상에 불과하다. 푸코가 통치성governmentality이라고 부르는 것은 다양한 요소들의 조합으로 이루어져 있다. 통치성에서 권력의 표적은 인구population이며, 그 중요한 지식의 형태는 정치경제학이 된다. "통치, 인구, 정치경제학이라는 세 가지 운동이 18세기 이래 공고한 연관을 맺어 왔으며, 이것은 오늘날에조차도 결단코 해소되지 않았다고 말할 수 있"다.(푸코 외, 『미셸 푸코의 권력이론』, 46쪽) 국가의 출현은 군주의 영토 대신 인구를, 군주와의 합법적 계약 대신 정치경제학이라는 지식을 통해 가능해졌던 것이다.

그렇다면 여기서는 고전주의 시대 군주의 모델에서 근대 국가의 통치화 모델로 변화된 과정을 검토해 보자. 16세기 이후 군주권의 의미와 한계를 정의하려는 논의 대신 '통치기예'art of government와 관련된 저서들이 폭발적으로 증가하기 시작한다. 여러 논의와 저서들의 공통점은 통치기예를 군주라는 문제틀, 즉 군주가 그의 통치영역인 공국principality을 어떻게 통치하는 것이 정당한가 하는 문제와 더 이상 관련시키고 있지 않다는 사실이다. 공국(영토) 위에 초월적으로 군림하는 군주의 의지에서 해명하기보다는 구체적으로 다양한 국민들이 어떻게 조직되고 있고, 그 권력의 작동 방식이 어떤 합리적 절차로 움직이는지를 분석하고자 했던 것이다. 『군주론』의 저자인 마키아벨리에게 통치 혹은 권력의 목적은 신민과 영토에 대한 군주의 권한을 어떻게 합리화할 것인가의 문제였다. 그러나 16세기 이후 공국을 유지한다는 것과 통치기예를 소유한다는 것의 의미에 괴리가 발생한다. 공국 유지가 군주의 몫이라 하더라도 구체적인 일상적 삶에 군주의 의지가 일방적으로 관철될 수는 없는 법이다. 군주의 의지로 해명될 수 없는 삶의 조직화, 그 일상적 차원에서 관철되는 통치의 구체적 작동 원리에 대한 해명이 필요했다. 그리하여 통치의 개념도 확장된다. 그것은 군주의 통치만에 한정되기보다 가정, 영혼, 어린이, 지역, 수도회, 종교적 질서, 국가 등에 대한 통치로 확장된다.

마키아벨리의 군주는 공국 외부에 존재하는 군주권력의 유일성을 의미했다. 군주는 영토의 외부, 그러면서도 그 영토 전체를 지배하는 최상층에 존재했다. 이런 점에서 군주는 외재성과 초월성을 갖는 절대권력이었다. 이처럼 군주와 영토의 관계 아래서 통치의 문제를 다룬 마키아벨리는 그 영토 안에서 살아가는 사람들의 다양한 관계, 다양한 통치의 문제를 포착할 수 없었다. 그러나 이제 통치는 다양한 종류의 사람들이 어떤 공간에서 어떤 관계를 맺느냐에 따라 달라지게 된다. 아이가 가정에서 부모와 관계할 때의 통치 문제와, 국가와 관계할 때의 통치 문제는 서로 겹치기도 하지만 질적으로 다를 수 있는 것이기 때문이다. 부모가 지도해야 할 아이와 국가가 관리해야 할 아이는 대상의 본성에 있어서도 다르고 통치의 테크놀로지에 있어서도 차이가 나야 한다. 이런 점에서 볼 때 군주와 국가 사이의 관계도 부모와 아이, 주인과 노예, 국가와 상인 등 여러 통치형식들 중 하나에 불과하게 된다. 군주의 통치의 외재성과 유일성 대신 국가에 내재하는 통치형식의 다양성이 시야에 들어오기 시작하는 것이다.

그 중에서 근본적인 통치유형이 존재하는데, 자기를 통치하는 기술은 도덕과, 가족을 통치하는 기술은 경제economy와, 국가를 다스리는 기술은 정치학politics과 각각 관련된다. 그리고 16~18세기 통치는 이 중 가정을 의미하는 economy에 집중되었다. 즉 국가를 통치한다는 것은 economy를 국가 전체 수준에 적용하고 확립하는 것이 된다. 이른바 '가장家長 모델'이라고 할 수 있는데, 가장이 가계와 재화와 가족을 다스리듯 주의 깊은 감시와 통제의 형식을 통해 주민과 재산, 개개인과 인구 전체를 통치하는 것이 국가의 통치가 되는 방식이다. 그리고 통치는 영토와 그 영토의 신민들을 지배하는 군주권 대신 "사물들의 올바른 배열"로 바뀐다. 여기서 '사물'은 단지 물건만이 아니라 '사람과 사물로 구성된 복합체'를 뜻했다. 부·자원·생존수단·기후·토지 비옥도 같은 영토적 사물과 관계된 사람들, 그리고 관습·습관·행동·사고방식 등의 사물과 관련된 사람들, 기근·유행병·죽음 같은 불행의 사물과 관련된 사람들이 바로 올바로 배열해야 할 '사물'이 되었고, 이것이 근대적 통치의 의미가 된다.(푸코 외, 『미셸 푸코의 권력이론』, 35쪽) 가장이 가족과 그들의 출생과 죽음, 그리고 토지와 재산을 사려 깊이 고려해야 하듯이 국가 통치도 그러해야 했다. 당시 자주 등장했던 '배의 은유'가 이를 가장 잘 보여 준다. 배를 '통치'한다는 건 선박만을 잘 다루는 것이 아니다. 그것은 선박과 함께 지켜야 할 선원들과 화물들, 그리고 바람과 암초·폭풍 같은 우발적 사태들도 종합적으로 잘 관리하는 일이다. 사람들이 어떤 질병에 걸리는지, 어떤 도덕을 갖고 있는지, 어떤 토지에서 사는지 이런 모든 문제들을 세세히 고려하는 것이 근대적 통치였다. 따라서 군주의 단일의지로는 이 복잡하고 다양한 지식의 세계를 설명할 수가 없다.

군주적 모델에서는 신민들로 하여금 군주의 법에 복종케 하는 것이 통치의 의미였다면, 통치에 대한 근대적 정의는 사람들에게 법을 부과하는 것이 아니라 사물들을 '배치'하는 문제가 된다. 어떤 토지에 얼마만큼의 농민을 배치해야 생산성을 높일 수 있는지, 어떤 질병의 순간에 사람들을 어떻게 배치해야 사회의 건강을 확보할 수 있는지 알아야 했던 것이다. 어떤 자원이 어느 정도 있고 어떻게 배치되어 있는지 알아야 생산성이 높은 사물-인간의 배치를 만들어 낼 수 있었던 것이다. 이렇게 '배치'라는 전술적인 운용이 중요해지면서, 법률 자체도 하나의 전술로 이용하는 문제, 다시 말해 통치의 목적을 위해 배치해야 하는 문제가 된다. 통치 아래 종속된 법, 혹은 통치권력 아래 전술적으로 활용되는 법이 있는 것이지 그 반대는 아니다. 법이 있기에 권력이 행사되는 게 아니라 권력의 전반적 배치와 더불어 법이 전술적 요소로 기능하게 된 것이다. 통치는 신을 대리하는 군주와 같은 초월적인 규칙이나 추상적인 모델에 근거하는 대신 앞서 말했던 '사물들' 즉 국가 내에 존재하는 구체적인 실재들realities을 구성하는 것 속에서 합리성의 원칙을 찾아야 했다. 사람-사물의 배치를 위한 앎, 통치를 위한 앎, 이것이 바로 '국가이성'reason of state이다. 자연법이나 신법이 아니라 국가에 내재하는 합리적 원칙을 찾아 지식을 생산하고, 이를 바탕으로 사물들을 배열하고 통치하는 것.

이와 더불어 다른 차원에서의 변화도 수반된다. 당시 통치기예는 아직 가족적 모델에 갇혀 있었다. 국가를 통치하는 것은 가정economy을 통솔하는 것과 같은 것이어서 왕은 아버지와 같은 존재의 역할에 그쳤다. 이 빗장을 풀고 통치가 군주권이나 가족의 모델에서 벗어날 수 있게 했던 것이 바로 인구 문제였다.(『미셸 푸코의 권력이론』, 42~46쪽 참조) 인구라는 현상은 가족의 영역으로 환원되기 어려운 성격을 갖는다. 인구 자체에서 관찰되는 사망률, 질병률, 출산율 등은 가족의 차원을 뛰어넘는 현상이며, 기근의 순환이나 노동과 부의 관련성에 관한 문제도 가족 현상이라기보단 인구 현상이다. 아버지의 권위가 아내와 자식과 노예와 재산을 관리하게 한다면, 인구 현상은 이런 왕권으로도 통제할 수 없는 것이다. 사망률이나 출산율, 혹은 천연두와 같은 풍토병은 권위의 대상이기보다 지식의 대상이며, 노동력과 부의 상황, 수출입과 같은 경제적 사항들도 마찬가지로 지식의 대상이다. 풍토병은 권위에 의한 발본색원의 대상이라기보다 발병률의 빈도를 알고 더 확산되지 않도록 관리해야 하는 대상이다. 여기에는 '통계학'statistics이 필요한 것이지 권위나 계약에 의한 법적 위임이 필요한 것이 아니다. 달리 말해 통계학은 가정경제를 넘어 국가 전체, 그리고 특히 인구라는 현상으로 확장된다. 이렇게 하여 경제economy는 가정을 넘어 새로운 수준으로 재중심화를 이루는데 그것이 바로 정치경제학이다.

인구가 등장하기 전에는 가족모델을 통해서밖에는 통치기예를 생각할 수 없었지만, 인구가 가족으로 환원될 수 없게 되자 가족은 인구에 포함되는 하나의 요소가 된다. 정치경제학은 인구를 대상으로 하는 근대통치의 지식체계다. 출생률과 사망률만이 아니라 질병률의 영향에 대한 평가, 유통 중인 부의 합계와 국가적 생산성의 관계에 대한 측정, 세금과 관세의 효과, 여러 자원이나 숲, 강과 같은 잠재적인 자원의 평가 등이 정치경제학의 역할이다. 국가는 이런 전반적인 인구에 관한 지식-권력의 효과적 결정체이지 법적 계약의 결과이거나 추상적인 참모본부가 아니다. 근대국가는 가족이 아니라 인구를 포착하고 그에 대한 지식을 바탕으로 더 나은 생산성을 유도하려 노력한다. 그렇다고 해서 근대에 접어들어 가족의 역할이 완전히 사라졌다는 뜻은 아니다. 왜냐하면 성행위, 출산율, 인구통계학, 소비성향과 같은 인구에 관한 정보는 대개 가족을 통해서 획득되기 때문이다. 그러나 가족은 통치의 모델이 아니다. 대신 인구를 통치하고 관리하는 특권화된 수단이 되었을 뿐이다. 수사적으로는 자애로운 아버지와 같은 통치자라는 표현이 자주 등장하지만 그것은 정말 사람들을 기만하는 수사일 뿐이다. 이 사회에 존재하는 수많은 투쟁과 갈등을 보라. 어떻게 자애로운 아버지가 이런 투쟁을 야기하겠는가. 그런 수사학적 이미지에 갇힌 통치자는 존재하지도 않으며, 그리고 그런 통치자는 이런 다양한 지식의 대상들을 관리할 수도 없다. 필요한 것은 통계적 지식과 정치경제적 관리다. 그리고 근대국가는 정확히 이렇게 운영되고 있다.

이제 근대국가에서는 인구가 통치의 궁극적인 목적으로 부상하게 된다. 인구의 복지, 부의 증진, 장수, 건강 등이 통치의 목표가 되며, 이를 위해 통치가 사용하는 수단도 모두 인구에 내재적인 것이 된다. 캠페인을 통한 출산 장려나 특정 지역으로 인구의 흐름을 유도하는 테크닉이 바로 인구 자체에 가해지는 통치의 성격을 잘 보여 준다. 이제 인구는 군주의 힘과 권능을 상징하기보다 통치의 구체적인 대상이자 목적이 된다. 인구를 형성하는 각 개인의 의식 수준에서의 이익이나 이해와는 상관없이 인구 전체의 이익으로서의 이익이 인구 통치의 목표이자 도구인 것이다. 그리하여 인구는 통치의 지식을 구성하는 전체 영역이 된다. 정치경제학의 형성은 다양한 부ā의 요소 중에서 인구라는 새로운 주제의 등장에 의존하고 있었다고 할 수 있다. 인구라는 현상의 부상과 발견 없이 정치경제학은 성립할 수도 없었다.

이처럼 '통치성'은 단일 권력의 실체가 아니다. 인구라는 다양한 변이체를 대상으로 하면서 정치경제학이라는 지식을 도구로 해서, 분석하고 계산하고 전술적으로 활용하는 여러 제도와 과정을 요구하는 하나의 구성된 앙상블이다. 군주권이 통치성으로 대체되진 않았지만 갈수록 통치성이 지속적으로 우세해지는 경향이 있는 것은 사실이다. 다시 말해 사법적이고 군주적인 모델이 국가 안에 존속하는 건 사실이라고 해도 현재의 국가를 근저에서 작동시키고 있는 것은 통치 모델이라고 할 것이다. 공적인 것과 사적인 것의 분할이 새롭게 조정되는 것도 통치의 전술 때문이지 사법적 권력 때문이 아니다. 예컨대 예전에 출산의 문제는 가족의 사적인 영역에 한정된 것이었고 국가가 관여할 일이 아니었다. 그런데 이제 국가는 그런 사적인 문제를 공적인 과제로 제시하면서 다양한 캠페인을 전개하고 있다. 둘만 낳아 잘 기르자는 구호나, 둘 이상 낳으면 출산비와 여러 경제적 비용을 지원하겠다는 정책도 마찬가지다. 따라서 이제 사적인 영역으로서의 출산은 없다. 이렇게 공/사의 구별이 변모한 것은 바로 인구를 관리하는 통치성의 형식 때문이다. 따라서 통치성이 현재 우리들의 정치투쟁과 갈등의 중요한 쟁점이라는 사실을 알 수 있을 것이다. 국가의 생존이나 한계는 국가 자체적으로 결정되는 게 아니라 통치의 다양한 요소들의 길항작용에 의한 전술적 교차에 의해서 결정된다. 그렇다면 인구를 대상으로 하는 새로운 통치형식이 어떤 역사적 과정을 거쳐 가능해졌는지 살펴보도록 하자.

사목권력 : 여호와는 나의 목자시니 내게 부족함이 없으리로다

국가를 특정한 권력기제의 형식이라 할 때 이것의 기원은 어디인가? 푸코는 근대 서구국가가 기독교 제도들에서 발원한 오래된 테크닉, 즉 '사목권력'pastoral power을 자신의 새로운 정치 형태 속으로 통합했다고 주장한다. 즉 국가의 통치화는 그 기본적 모델을 기독교적 사목의 초기 모델에서 가져오며, 통치의 구체적인 실행은 '폴리스'police에 의한다는 것이다.* 그래서 국가는 사목권력의

---

* 통치성의 탄생에서 중요한 세 요소가 사목, 새로운 외교-군사적 테크닉, 폴리스이다. 이 중에서 우리는 사목권력과 폴리스만을 살펴본다. 외교-군사적 테크닉에 대해서는 다음을 참조하라. Michel Foucault, *Security, Territory, Population*, trans. Graham Burchell, Palgrave Macmillan, 2007, pp. 285~310.

새로운 형식이라고 말할 수 있다. 그렇다고 사목권력의 근대적 형태는 아니다. 사목권력의 통치 테크닉과 방식을 이용하지만 그것은 전혀 다른 차원에서, 그리고 본질적으로 새롭게 변형된 형태로 이용하는 것이다. 그렇다면 사목권력은 무엇인가?

그리스나 유대적인 것과는 다른 윤리체계를 만들어 내기는 했지만 기독교에서 포착해야 하는 그보다 더 중요한 것은 새로운 권력관계의 확산이다. 기독교에서는 군주든 장관이든 교육자든 그들의 직책이 아니라 종교적 자질에 의해 판단하며, 목자의 신분으로 다른 이를 위해 봉사하도록 요구한다. 그리고 이 목자는 단순한 지도자가 아니라 권력의 매우 특수한 형식을 가리킨다. 기독교적 사목은 유대적 사목에서 기원하지만 몇 가지 측면에서 변형을 만들어 내면서 근대적 국가권력의 기원이 된다.(푸코 외, 『미셸 푸코의 권력이론』, 53~67쪽 참조) 그리스의 신이 토지와 관계를 맺고 있다면 유대 히브리에서는 신이 양떼와 관계를 맺는다. 즉 목자는 토지가 아니라 양떼들에게 권력을 행사하는 자, 양떼를 모으고 인도하며 지도하는 자이다. 영토의 확보와 도시의 방어가 그리스 신과 통치자의 일이었다면 유대의 목자는 인간을 관리하는 게 일이 된다. 다시 말해 그리스인들의 신이 도시를 구원한다면 목자는 양떼를 구원한다. 그리고 이들을 구원하기 위해 목자는 양떼의 갈증과 배고픔에 주의하면서 '개별적으로' 돌보아야 한다. 그리스의 신은 비옥한 땅과 풍부한 수확을 제공하라고 요구했지만 매일매일을 양떼들을 돌보라고 명하지는 않았던 것이다.

특히 목자의 돌봄에서 중요한 것은 길 잃은 한 마리의 양, 즉 개별적인 돌봄이었다. 그리고 이를 위해 목자의 희생적 헌신이 중요했다. 양떼들이 잠들어 있을 때도 망을 보고, 풀을 먹일 때는 어떤 것이 어린 양에게 좋은지, 그리고 나이 든 양에게는 어떤 풀이 좋은지 잘 선별해야 했다. 개체에 대한 세심한 배려, 이것이 유대적 통치 기술이었다. 그러나 이런 히브리적 목자 개념은 기독교적 사목에서 일정한 변화를 겪고 이것이 다시 근대국가의 통치 형식으로 흡수된다. 양들을 돌보는 목자라는 관념, 한 마리의 양과 함께 무리 전체의 운명을 책임지는 목자라는 개념은 유대적인 것과 공통되지만 기독교적인 변형은 개별적인 양들을 돌보는 새로운 방식에서 나타난다. 단순히 개별적인 양들을 돌보는 것에 그치지 않고 양들의 개별적 욕망이 무엇인지, 선행을 했는지 악행을 했는지 그들의 일거수일투족, 사소한 일탈과 내밀한 욕망의 상태까지 모조리 '알고자 하는' 목자가 등장한 것이다. 이렇게 개체에 대한 모든 '지식'을 종합하지 않고서는 그를 구원으로 인도할 수 없다는 것이 기독교 목자의 통치 기술이었다. 여기에 또 새로운 것이 추가되는데 양떼와 목자 사이에 죄와 보상이라는 교환과 순환이 만들어진 것이다. 욕망의 죄, 행위의 죄를 참회와 금욕에 의해 사해 주는 것, 이런 교환이 곧 구원의 과정이 된다.

다음으로 복종과 관련해 변화가 나타나는데, 히브리적 개념에서 신은 목자이고 그를 따르는 무리는 신의 의지인 '법'을 좇는다. 그러나 기독교는 목자와 양의 관계를 개별적이면서도 완전한 의존관계로 파악한다. 신의 법이니까 따르는 게 아니라, 목자가 구원으로 인도하는 절대적 권력을 쥔 자이므로 신체적·정신적으로 복종해야 했다. 그래서 아무리 불합리한 명령이라도 목자에게 철저히 복종해야 했으며, 복종의 강도만큼 구원의 길이 열린다고 생각했다. 사막의 죽은 나무에 매일 물을 주라는 명령을 평생 실천했던 한 수도사의 일화는 이 세계에서 굉장히 유명하고 모범적인 사례로 제시된다고 한다. 죽어서야만 끝날 수 있는 기독교적 복종에서 우리는 국가 안의 우리 모습을 떠올리게 된다. 국가는 국가를 초월하는 자들을 용납하지 않는다. 아무리 터무니없어도 우리는 국가의 명령에 복종해야 한다. 아, 죽어야만 끝날 수 있는 국가와 우리의 끔찍한 관계. 따라서 우리는 국가의 통치 형식을 정확히 통찰할 필요가 있다. 죽음이 아니라 삶을 통해 국가 밖으로 나갈 출구를 찾을 수 있는 열쇠가 바로 그곳에 있기 때문이다.

기독교적 사목권력에는 목자와 양들 사이에 형성되는 특정한 지식의 문제가 있다. 양떼들의 물질적 욕구와 죄, 영혼의 상황 등을 총체적으로 알고자 하는 개별화의 지식이 파생되는 것이다. 이 지식을 가능하게 하기 위해 사목권력은 양들로 하여금 '자기 진단'하게 하는 특수한 수단을 고안한다. 양들 스스로 날마다 행한 선과 악을 평가하고 영혼의 상태를 진단하게 하는 기술. 그러나 이 기술의 목적은 자신을 스스로 인식하게 하기보다는 목자에게 자신의 영혼 깊은 곳까지 털어놓게 하는 데 있었다. 자기진단과 함께 목자에게 정기적으로 자신의 죄를 고하는 고백의 절차는 개체들에겐 구원을 위한 길이 된다. 그러나 불행히도 그 길은 자기 자신의 포기를 전제로 한다. 자기 욕망의 상태를 점검하는 것은 욕망을 풍요롭게 하는 것이라기보다는 그 욕망의 악마적 속성을 인식하는 일이자 그 욕망 자체를 제거하는 일이다. 기독교적 세계는 기본적으로 인간의 욕망을 부정하고 더러운 것으로 간주한다. 자기를 점검하고 고백하면서 욕망과 본능을 서서히 뿌리 뽑기. 눈이 죄를 저질렀다면 그 눈을 뽑아 버려라. 니체의 개념으로 하면 욕망과 본능의 '거세'(거세 관점에서 기독교를 분석하는 것으로는 니체의 『안티크리스트』를 참조). 이것이 기독교적 고행mortification인데 바로 이를 통해서 양떼들은 개별화되었고, 동시에 구원받거나 받을 수 없는 존재로서의 자기정체성을 형성하게 된다.

현세와 자기의 극단적 포기, 생명과 욕망의 지독한 부정, 구원을 위한 철저한 복종. 이것이 기독교 사목이 개발한 권력의 테크놀로지이다. 사목권력은 힘의 우월성에 의해 행사되는 것이 아니라 꼼꼼한 관리와 헌신을 통해 드러난다. 그처럼 양떼들의 가능한 불행을 경계하면서 열정과 헌신을 가지고 주시하는 것이 사목권력이었다. 동시에 사목권력은 양떼들 전체를 관리하면서도 단 한 마리의 양도 빠져나가지 않게 관리하는 개별화의 권력이었다. 그런 점에서 근대적 통치의 권력은 그리스적인 기원보다는 기독교적인 기원을 갖는다. 원래 그리스적인 정치는 '목자의 모델'이 아니라 '베짜기의 모델'이었다. 기독교의 목자처럼 신민들을 개별화하는 게 아니라 베를 짜듯이 의사, 교육자, 농부, 노예 등 도시 내에 거주하는 다양한 신민들을 잘 조직하는 문제였던 것이다. 반면 사목권력은 "점진적으로 사람들을 감시하고 강요하는 기술, 사람들이 살아가고 존재하는 매 순간에 걸쳐 집단적이고도 개인적으로 사람들을 책임지는 기술"(Foucault, *Security, Territory, Population*, p.165)의 극단성을 보여 준다. 이것이 바로 통치성의 역사적 배경이다. 이렇게 개별화하면서도 전체화하는 통치의 테크놀로지, 그 통치성이 정치적 영역 속에서 재구성된 것이 근대국가의 형성이다.

생정치 : 인구에 대한 확률적 관리

18세기 무렵 개별화하는 사목권력의 새로운 분포와 새로운 조직화가 발생한다. 드디어 근대국가의 탄생이다. 근대국가는 개인을 무시하고 만들어진 게 아니라 개별화하는 사목권력을 태내에서 일정하게 변형해 생성된 것이다. 따라서 국가를 "개별화의 근대적 모체"라고도 볼 수 있겠다. 그렇다면 구체적으로 사목권력에 어떤 변형이 가해진 것일까?

　　우선 사목권력이 중요하게 여겼던 내세의 구원이 현세 국가

내에서의 구원으로 바뀐다. 구원은 이 삶의 종결 이후, 혹은 신의 재림 이후에 받을 수 있는 게 아니라 바로 국가 안에서의 삶 자체가 구원이 된다. 국가 없는 야만적이고 불안정하고 궁핍한 삶과 국가 안에서 보호되고 관리되는 풍요로운 삶이라는 도식. 종교와 국가의 신성동맹 대신 국가의 독점체제. 동시에 구원의 의미도 변한다. 어떤 다툼도, 가난도, 빈곤도, 질병도 없는 내세의 구원이 이제 선진국, 강국, 복지국가라는 현세의 구원로 대체된다. 그리고 사목권력을 담당하는 관료들이 증가하기 시작한 것도 중요한 현상이다. 목자만이 신민들을 관리하는 대신 이제 공공기관, 가족, 의학, 병원, 감옥 등 개별화된 다양한 장치들에서 다양한 관리들에 의해 사목권력의 개별화 전술이 실행되기 시작한 것이다. 한정된 종교제도와 연계되어 오던 사목권력의 유형이 갑자기 사회체 전체로 확산되었던 것이다.(푸코 외, 『미셸 푸코의 권력이론』, 95~96쪽) 사목권력이 무수한 제도들로부터 지원을 받게 되면서 종교적 영역에서 벗어나 사목권력 자체의 성격이 근대국가의 통치형식으로 전환되어 버린 것이다. 물론 이런 역사적 변화에서 그 무엇보다 중요한 것으로 앞에서도 말한 인구에 대한 지식과 개인에 대한 분석적 지식의 발달을 들 수 있다. 이런 과정들의 결과 근대적 통치성의 모델이 시작된 것이다.

통치에서 문제가 되는 것은 합리성의 유형이다. 과거의 통치는 기본적으로 신이 자연을 통치하는 모델을 따르는 것이었다.

즉 신이 그 의지를 드러내는 여러 징후나 표징들을 잘 인식하고 복종하는 것이 과거 통치자의 덕목이었다. 그런데 1580~1650년 사이에 지성과 수학에 의거한 합리적 통치의 유형이 등장한다. 이제 주권의 실행은 신체에 대한 영혼의 과업도 아니고, 무리에 대한 목자의 과업도 아니며, 아이에 대한 아버지의 의무도 아니게 된다. 통치의 합리성은 주권의 합리성도 아니고 사목의 합리성도 아니다. 통치의 근거는 이제 '국가의 합리성'에 근거해야 했다. 국가이성의 출현. 16세기 말 이탈리아의 보테로Giovanni Botero는 "국가는 사람들에 대한 지배를 확정한다"고 했다. 여기서 특이한 것은 국가에 대한 영토적 정의가 없다는 것이다. 국가의 근거는 영토가 아니라 사람들이고, 이 사람들에 대한 지배를 정초하고 보존하고 확장하는 적합한 수단들에 대한 '지식'이다. 군사조직이나 과세, 사법재판과는 구별되는 특정한 국가의 영역으로서 통치성의 대상이 반성적 실천 속에 진입한 것이다. 인구에 대한 앎과 지식 속에서 작동하는 통치의 권력. "국가는 통치의 한 에피소드이지 국가의 기구가 통치는 아니다."(Security, Territory, Population, p.247)

통치이성의 출현은 합리화와 계산 방식의 출현과 함께하는 것이고, 따라서 자연과학에서의 일반수학은 국가와 관련해서는 정치학이 된다. 국가는 '가지성'intellibility의 원리에 따르는 전략적 도식이다.(Security, Territory, Population, p.286) 국가의 사물과 인구를 계산하고 합리화한다는 것, 이것은 국가의 통치요소들을 앎의 대상으로 만든다는 뜻이다. 그런 점에서 가지성의 원리야말로 근대 이전의 통치와 구별되는 특징적 표지라 할 것이다. 이렇게 국가의 가시적 힘을 강화하고 증대시키고 그 힘을 잘 사용하고자 노력하는 법과 규제가 '폴리스'police(우리가 알고 있는 '경찰'과는 다른 개념이다)다. 개별 국가들은 자신의 힘을 알아야 한다. 그러기 위해서는 인구, 군대, 자연자원, 생산력, 상업, 통화유통에 대한 지식이 요구되고, 이것은 통계학이 제공한다. 통계학은 힘과 자원에 대한 지식이자 국가에 대한 지식이다. 이런 통계학이야말로 바로 '폴리스'에 의해 확립된 것이라 할 수 있다. 폴리스는 개별 국가의 가능성과 잠재성을 정확히 측정하기 위해 지식을 생산한다. 바로 국가에 대한 국가의 지식을. 폴리스는 주민들이 가진 부와 관련해 행동하는 방식, 일하고 소비하는 방식 등, 일과 도덕성의 혼합물에 관여한다.(*Security, Territory, Population*, p.321) 이런 새로운 영역은 과거 국가의 업무라고 생각되었던 사법, 군대, 재정의 영역과 아무런 공통성이 없다. 한마디로 폴리스는 정확히 '인간의 활동'을 향해 있다. 과거에는 그 인간이 어떤 지위를 갖고 있는지 아니면 어떤 미덕을 갖고 있는지가 문제였다면, 이제 국가의 흥미를 자극하는 것은 지위나 법률적 차원이 아니라, 그 사람이 무엇을 할 수 있을 것인가의 문제다. 어떤 사물과 어떤 배치를 통해 어떤 생산을 할 수 있는가, 이것이 국가의 관심이고, 폴리스는 이런 영역을 관리한다. 군사적 영역도, 사법적 영역도, 경제적 영역도 아닌 이 폴리스의 영역이 바로 통치가 행해지는 장소가 된다. 인간 개개인의 삶만이 아니라 전체적인 삶을 관리하는 폴리스를 통해 드디어 인구의 문제가 중요한 현상이 된다.

'페스트 모델'에서 규율권력의 형식을 보았다면, 우리는 '천연두 모델'에서 통치권력의 형식을 본다.[*] 전염병이 갑작스럽게 덮치는 것이라 더 확산되지 않게 개별자들을 격리하고 분리하고 감시하면서 관리해야 하는 대상이라면, 풍토병은 한 지역과 인구 안에서 지속적으로 나타나는 질병이라 근절할 게 아니라 일정한 비율로 관리해야 하는 대상이 된다. 삶 속에 갑자기 스며들어 덮치는 전염병이 아니라, 삶 속에 미끄러져 들어와 끈질기게 삶을 파먹고 약화시키는 점진적인 죽음으로서의 풍토병. 따라서 어떤 지역에서 어떤 비율로 발생하는지 알아야 하고, 그리고 그 병의 발생 비율이 그렇게 높지 않다면 인간의 자연적인 조건으로 받아들여야 하는 병. 이런 점에서 풍토병은 사람과 사물로 구성된 복합체라는 사고를 가능하게 한다. 이것이 인구다. 풍토병에 걸린다는 것은 특정한 지역의 특정한 사물과의 배치 속에서 특정한 비율로 발병하는 인구가 있다는 뜻이다. 인구는 단순히 영토 안 개체들의 합이 아니라 변수에 의존하는 하나의 데이터다.(Security,

---

[*] 페스트가 생명을 덮치는 죽음이었다면, 천연두로 상징되는 병들은 경제적 부담을 늘리고, 노동시간을 단축시키고, 활력을 떨어뜨리고, 노동력을 감소시키므로 대비하고 계산해야 하는 병이다.(푸코, 『사회를 보호해야 한다』, 282쪽)

Territory, Population, p.71) 가령 풍토병이라는 변수에 의해 포착되는 인구가 있고, 그것이 도시냐 농촌이냐(변수)에 따라 다른 비율로 포착되는 인구가 있을 것이다. 국가는 이런 인구를 관리하는 것이지 단순히 전체 인구를 관리하는 게 아니다. 이런 인구는 명령에 의해 제거되거나 근절되지 않는 인간의 자연적 조건이다. 가령 천연두에 의한 유아사망률은 주권자의 명령에 따르는 인구가 아니기 때문에 차라리 자연스러운 조건으로 받아들여야 한다. 개별적으로는 불규칙하지만 일반적인 수준에서 통계적으로 계산만 된다면 자연스럽고 규칙적인 것이 되는 것이 인구다.

가령 몇 년 동안 천연두로 인한 유아의 평균 사망률이 0.5%라고 해보자. 그런데 올해의 사망률이 1.5%가 되었다면 바로 관리에 들어가야 한다. 0.7% 정도는 그 지역에서 평균적으로 걸리는 것이라 정상적인 것이지만(병에 걸린 사람이 있어도 인구 관리에서는 정상적이라고 말할 수 있다) 유례 없는 3배의 폭등을 보인 올해의 상태는 정상적이지 않다. 규율권력에서는 불온한 욕망을 갖고 있는 자는 모조리 비정상인이 되지만, 통치권력에서는 인구의 전체적인 비율을 관리하므로 몇 %가 비정상인이면 그것도 정상적인 상태로 용인되는 것이다. 이렇게 특정한 비율의 관리, '표준'의 관리, 즉 '조절'이 통치의 기법이다. 따라서 천연두 자체를 박멸하는 게 통치의 목표가 될 수 없다. 통치는 천연두 발병을 자연적인 것으로 받아들이는 바탕 위에서 표준의 확인을 시도하는 것이다. 표준적인 발병률이나 사망률에 대한 관리는 나병이나 페스트처럼 접촉을 금지시키거나 분리하고자 하는 시도보다는 병에 걸린 인구라는 현상을 현실로 받아들인 바탕 위에서 행해진다. 그것이 그래프상에서 표준분포에 해당되면 정상이지만 거기를 벗어나면 비정상이 되고 관리해야 한다. 그리고 관리의 방식은, 다시 말해 표준을 중심으로 표준적인 분포에 접근시키고자 하는 노력은 유아사망률을 줄이기 위한 집중적인 지원과 캠페인, 여러 예방책의 방식을 띤다. 그것은 물론 규율권력처럼 신체에 바로 작용하는 관리의 형태는 아니다. 규율권력의 '규범'과 통치권력의 '표준'은 개념이나 작동 방식에서 이런 차이점을 갖는다.

가격이 오른다거나 결핍이 발생한다거나 하는 것은 이제 금지하거나 제거해야 할 현상이 아니게 된다. 통치의 차원에서는 이런 모든 현상들을 피할 수 없는 것, 즉 필연적이고 자연적인 과정이라고 생각한다. 규율이 공간적인 폐쇄와 단절을 통해 권력의 제한 없는 작동을 보장받고자 한다면 통치의 차원에서는 원심적인 확장의 경향을 띠게 된다. 사망률을 조절하려고 할 때 도대체 얼마나 많은 변수들이 있을 것인가. 정치, 경제, 사법, 복지, 교육, 노동, 자연, 인위적 환경 등 셀 수 없는 요소들의 흐름들이 이입되고, 통치는 이들의 발생을 자연적인 것으로 받아들이는 것이다. 이것이 '안전기제'다. 법률이 합법을 기준으로 무엇을 하지 못하게 금지한다면 규율은 규범을 척도로 무엇을 하게끔 지시한다.

그러나 안전기제는 표준을 중심으로 죽음이 비록 바람직스럽지 못한 것이라도 그것이 일어나는 지점을 포착하기 위해 우선 받아들인다. 따라서 안전기제는 지시와 금지의 기구들을 활용하면서도, 발생하는 사건들의 현실을 받아들이고 반응하는 것을 원칙으로 한다. 그리하여 불규칙을 제거하기보다는 현실로 받아들이면서 규칙과 표준분포를 찾아내려 하는 것이다.

따라서 인구에 대한 통치는 금지된 현상들의 일소도, 끊임없는 감시와 처벌도 아니고, 표준적 수준에서 특정한 현상들의 한계를 설정하고 조절하는 문제가 된다. 규율의 이상적 도시공간이 텅 빈 공간에 촘촘히 분할되어 감시되는 완벽한 도시라면, 통치에서는 이미 주어진 물과 섬과 공기 그리고 인구의 변칙적 흐름이 있는 열린 도시를 상정한다. 그래서 규율의 도시처럼 어떤 완벽한 지점까지 도달하지는 못한다. 정확한 예측에 의한 미래의 통제가 아니라 확률적으로만 관리되는 미래. 자동차의 수 X, 통행인 수 X, 도둑의 수 X, 독소의 양 X, 주민의 수 X, 주택수 X, 수입 물량의 수 X 등 무한히 많은 변수들의 계열이 있기 때문에, 그리고 이것들이 열린 계열을 이루며 결합할 것이므로 도시는 확률적인 측정에 의해서만 관리될 수 있다. "최선의 흐름을 제공하고 도둑이나 질병 같은 위험요소들을 최소화하는 것뿐"이지 완벽한 제거가 목적이 아니다. '사건'과 '우연성'을 통제하고 관리하는, 그러나 확률적이고 근사치적인 통제의 문제.

통치의 공간은 한마디로 '환경'milieu의 공간이다. 여기서 환경은 "자연적 소여―강·늪지·언덕―의 집합이며, 인위적 소여―개인들, 집들 따위의 사물들―의 집합이다." 그리고 이것들의 일정한 결합물이며, 그 안에 살고 있는 모든 사람들에게 영향을 미치는 효과들 전체다.(Security, Territory, Population, p.21) 사법권력에서 권력의 개입이 법적 주체라는 개인에게 영향을 주었다면, 규율권력은 개인의 신체에 영향을 주었다. 반면 환경이라는 개념 아래서 권력의 개입은 정확히 인구를 대상으로 하게 된다. 그들이 살고 있는 물질적 조건에 생물학적으로 결부된 다수의 개인들을 염두에 두고 있는 것이다. 이렇게 해서 '인간 종'species의 자연성이라는 문제가 바로 근대문명이라는 인공적인 환경에서 갑자기 대두한다. 푸코는 이렇게 권력관계의 정치적 장치 안에서 '종의 자연성'이 갑작스럽게 출현한 것을 두고 근본적인 것이라고 하는데, 왜냐하면 여기서 '생정치'biopolitics, 혹은 '생권력'biopower이 탄생하기 때문이다. 도시의 인위적 환경이, 종처럼 기능하는 인구와 관련해서는 관리해야 하는 자연적 환경처럼 대상화되는 것이다.

근대권력은 자연을 다루더라도 지리와 기후, 물리적 환경과 인간 종 사이의 접합에 관련해서 다루며, 물리적 요소로서의 자연이 인간 종적인 자연과 접합하는 그런 지점에 개입한다. 여기서는 인공적 환경조차 인구와 결합하는 하나의 자연물이 된다. 그런 자연적인 종에 대한 관리는 주권자와 신민의 관계에서는 포착되기 어렵기 때문에, 이제 주권sovereignty 대신 통치government라는 말을 쓰는 것이다. 이는 '명령'이나 '지배'ruling의 의미와도 다르다. 명령이 주권자의 단일의지와 그에 복종하는 신민 전체를 가정한다면 지배는 피지배계급에 대한 지배계급의 억압과 구속을 가정한다. 그런 점에서 '명령'이나 '지배'는 환경의 영향을 받는 인구라는 새로운 인간종에 대한 권력의 통치를 설명하기 어려운 개념인 것이다. 주권자의 명령을 듣는 대상도, 지배계급의 착취의 대상도 아닌 새로운 대상, 그것이 '통치'라는 개념 속에서 포착하고자 하는 것이다.

통치의 문제설정은 이렇다. 지금까지 감옥(학교 등)과 군주의 관점에서 권력의 작동 방식과 특성을 포착했다면 도대체 국가는 어디에 있는가? 감옥과 학교와 같은 여러 권력장치들의 결합이 국가적 권력을 정의할 수 있는가? 통치성은 바로 이 국가와 관련되는 권력의 기술이다. 개인에 대한 감시나 사법적 분할이 아니라 인구 전체에 대한 관리를 국가의 통치성이라고 부를 수 있는 것이다. 사법, 규율, 통치 이 세 가지가 근대적 권력의 중요 요소들이다. 국가는 사법이나 규율로 환원되지 않는 고유의 영역을 갖는 권력의 특정한 형식이다. 물론 국가는 사법과 규율의 권력을 통치의 효율성을 위해 활용하기는 하지만 그것이 동일하게 작동하는 것도, 기원이 동일한 것도 아니다. 인구에 대한 생정치, 여기에 근대국가의 핵심이 있다.

주체성의 새로운 형식과 자유의 코뮌적 실천

•주체성의 새로운 형식과 자유의 코뮌적 실천

해방이론을 넘어, 권력과 자유의 대립을 넘어

권력이 없는 공간은 없다. 그런데 편재하는 권력은 쉽게 절망적인 느낌을 준다. 권력에서 벗어날 자유의 공간이 없단 말인가. 그러나 문제는 권력과 자유, 권력과 저항의 이분법이다. 권력의 반대편에 자유가 있다는 사고방식은 권력을 억압적 속성으로 간주하고 자유를 해방의 측면에서만 사유한다. 가령 섹슈얼리티의 문제를 보자. '본래의 성'이 있고, '아버지의 이름'으로 대표되는 권력의 억압에 의해 성이 왜곡되었다는 것이 프로이트 정신분석의 핵심이다. 그렇다면 성을 긍정하면 권력을 부정하는 일이 될 수 있을 것이다. 성해방이 성의 진실에 도달하게 해주고, 권력의 작용을 차단하는 역할을 할 수 있을 것인가. 오히려 성해방을 외칠수록 권력의 함정에 빠져드는 것은 아닌가.

성에 담겨 있다고 믿는 그 비밀, 그 엄청난 중요성은 어떻게 형성된 것인가? 성이 원래부터 그런 것인가? 그 무엇보다 우리 삶의 핵심과 비밀을 밝혀 주는 데 중요하다고 생각되는 성의 진실이야말로 육체에 스며든 권력의 작동과 더불어 형성된 것이 아니겠는가. 애초에 성이 있었고, 권력의 억압에 의해 그 비밀의 공간이 은폐되어 해방이 요구되는 게 아니라, 개별적 인간에 대한 앎의 의지와 함께 작동하는 권력에 의해 형성된 것이 바로 그 은밀한 성이라는 개념이다.

원래의 인간이 있었고 이를 억압하는 게 권력이 아니듯이, 규율권력의 특정한 작동기제에 의해 위험한 인간이 탄생하는 것이다. 이런 점에서 성은 억압에 의해 왜곡된 것이 아니라 탄생의 순간부터 비뚤어져 있는 것이다. 근대적 고백기제 속에 들어가는 순간 성은 순전히 불륜이나 수간, 과오와 죄의 범주를 벗어나서, 정상과 병리의 영역에 자리 잡는다. 부부간에 지켜야 할 규범을 어겼는가 아닌가 하는 허가와 금지의 이분법을 넘어 육체, 감각, 쾌락의 성질, 정욕의 가장 은밀한 움직임, 그리고 열락과 어쩔 수 없는 동의의 가장 미묘한 형식의 문제를 건드리는 게 근대적 권력장치의 일종인 '성적 욕망의 장치'다.(푸코, 『성의 역사1: 앎의 의지』, 126쪽) 자기 육체와 욕망의 미세한 결들을 하나씩 해부해야 하는 순간 인간은 병리적 존재가 된다. 권력은 성을 은폐하는 덮개가 아니라 성을 해부하도록 하면서 동시에 거기에 엄청난 비밀이 있는 것처

럼 만들었던 것이다. 성에 부여되고 만들어진 중요성.[*]

우리의 진실이 성의 원초적 영역에 존재하는 게 아니라 그렇게 진실이 있는 것처럼 권력의 작동에 의해 형성된 것이다.[**] 성에 본래적 진실이 있고, 이것이 억압되어 왜곡되었다는 정신분석이론은 성적 욕망의 장치가 만들어 낸 작은 형성물에 불과하다. "본래의 성"이라는 관념 자체가 권력을 법과 금기 같은 것으로 생각하게 하는 경향이 있다. 프로이트의 정신분석은 어떤 점에서 "역사적 퇴행"이다. 단두대로 상징되는 군주의 권력은 기본적으로 "피의 상징학"이며, 금지와 억압의 모델이다. 그러나 새로운 권력의 기제는 "성적 욕망의 분석학" 쪽으로 이동했다. 규율권력이나 통치성의 모델은 사법적 모델과 전혀 다른 것이다. 우리의 생명이나 죽음만큼 중요한 의미를 부여받고 있는 그 성을 해방하라는 요구는 성적 욕망의 장치와 근대적 권력의 작동에 대해 잘못된 접근을 강요한다. 성이 본래적 현실이고, 여러 성적 욕망이 권력에 의해 야기된 환상에 불과하다는 생각을 버려야 한다. 성의 해방을 외치면 외칠수록 우리는 근대적인 성적 욕망의 장치가 만들

---

[*] "섹스는 차츰차츰 커다란 의혹의 대상, 우리 의지에 반해서 우리의 행실과 생활에 스며드는 일반적이고 염려스러운 감각, 악의 위협이 우리에게 찾아드는 취약한 지점, 우리 각자가 자기 속에 지니고 있는 어둠의 부분이 되었다."(푸코, 『성의 역사1: 앎의 의지』, 91쪽)

[**] 근대적 주체와 성적 욕망의 장치, 진실의 관계에 대해서는 이수영의 『섹슈얼리티와 광기』 5장을 참조하라.

어 놓은 함정에 빠져드는 것이다. 성이라는 결정기관에서 자유로 워져야 육체·쾌락·앎의 의지를 함께 작동시키는 권력의 지배력에 거스르는 권력의 운용을 생각할 여지가 생기는 것이다.

그러므로 "억압의 가설"에 대해서는 조심스러운 접근이 필요하다. 인간에게 어떤 본성이나 진실을 선험적으로 부여하고 이것이 특정한 사회·경제적 억압에 의해 은폐 혹은 소외되었다고 생각하는 것은, 억압으로부터의 해방을 혁명의 전부라고 생각하는 위험성을 낳게 된다. 억압을 풀면 인간이 자신과 조화로운 관계로 들어갈 수 있고, 자신의 근원과 긍정적인 관계를 맺을 수 있다는 생각은 어쩌면 낭만주의적이고 낙관주의적인 사고방식일지도 모른다.*** 자유롭고 원초적인 성, 훼손되지 않은 목가적 인간으로의 회귀를 외치는 낭만주의는 현실의 복잡하고 엄격한 착종 상태로부터 쉬운 해결책을 찾는 안식의 운동이자, 현실을 부정하는 운동이다. 그렇다고 해방의 투쟁이 불필요하다는 것은 아니다. 식민지 민중의 해방투쟁은 당연히 중요한 역사적 투쟁이었다. 그러나 이러한 실천들이, 다시 말해 '해방'이 곧 자유의 실천을 보장하는 것은 아니다.

푸코가 '윤리의 문제'라고 부르는 것이 바로 이것이다. 억압과 해방의 논리를 벗어나 자유의 실천을 가능하게 하는 방법론의

***낭만주의 비판에 대해선 니체,『니체 대 바그너』, 529~531쪽을 보라.

창출이 중요하다. 성의 차원에서 살펴볼 때 욕망을 해방시킴으로써 과연 타인과의 쾌락적 관계 속에서 윤리적인 처신의 기술을 획득할 수 있을까?(푸코 외, 『미셸 푸코의 권력이론』, 103쪽) 성의 억압을 규탄하고 성의 해방을 주장하는 사람들이 말하는 그 '해방'은 도대체 무엇인가? 부부간의 협소한 성관계에서 해방되어 자유로운 성관계에 도달할 때 삶의 질곡에서 정말 해방된 것인가? 오히려 그건 성적 방종의 태도가 아닌가. 성을 해방시키라든지, 그 해방의 공간에서 주체가 원하는 만큼의 쾌락을 누리겠다는 그런 무책임한 자유의 확보가 아니라, 자신과 타인과의 관계 속에서 어떻게 쾌락이 주체와 타자의 능력을 고귀하게 할 수 있는지, 그런 권력의 배치를 고안하는 게 중요한 것이다.

이런 점에서 권력에 대해 자유의 부재를 들어 설명하는 방식은 생산적인 담론으로선 쓸모가 없다. 권력관계는 아무것도 못하게 하는 관계가 아니다. "운동의 가역성"이 완전히 차단된 권력관계는 없다. 한 번 주어지면 영원히 계속되는 것도, 변화 불가능한 것도 아니다. 거기엔 늘 자유가 있다. 그래서 푸코는 주체들이 자유롭지 못하면 권력관계도 있을 수 없다고 단정했다.(『미셸 푸코의 권력이론』, 114쪽) 누군가가 쇠사슬에 묶인 노예처럼 완전히 타인의 처분권 아래 장악되면 거기서는 권력관계가 존재하지 않는다. 권력관계가 성립하기 위해서는 최소한 어느 정도의 자유의 형식이 쌍방에게 존재해야 한다. 아무리 한쪽이 모든 '권력'을 장악했다 해도,

그가 창문 밖으로 뛰어내리거나 상대방을 살해하거나 자살할 가능성이 존재할 때 바로 거기에 권력관계가 있는 것이다. 따라서 권력관계 속에는 필연적으로 저항의 가능성이 존재하며, 상황을 역전시킬 수 있는 전략과 같은 저항의 가능성이 없으면 권력관계도 없는 것이다.

권력의 모델이 '전투'인 까닭이 바로 여기에 있다. 권력이 소유되는 실체가 아니기에 그것은 늘 활동 중인 관계망 내에 있는 긴장된 힘들의 투쟁일 수밖에 없다. 단순히 국가가 시민에게 행사하는 것도, 지배계급이 피지배계급에게 행사하는 것도 아니다. 다시 말해 국가/시민, 지배계급/피지배계급의 경계에 자리 잡고 있는 것이 아니라, 지배계급이든 피지배계급이든 모든 것들을 관통하면서 관철되는 것이기에 권력관계는 늘 불안정할 수밖에 없다. 권력관계의 근원 하나하나에는 "갈등이나 불화, 세력관계의 일시적 전도 등의 위험이 포함되어 있다."(푸코, 『감시와 처벌』, 58쪽) 그래서 이런 미시적 권력의 전복은 "전부냐 무無냐를 정하는 것 같은 법칙"을 따르지 않는다. 역전의 가능성이 있고 수많은 전략이 가능한 공간이 권력의 공간이기에 여기서 중요해지는 것이 윤리다. 권력 때문에 아무것도 못한다는 절망감은 권력에 대한 오해에서 비롯되거나, 윤리적 실천에 대한 무능력을 보여 줄 뿐이다.

노예에겐 윤리가 없다. 자유는 권력의 부재가 아니라 자신에 대한, 그리고 타인에 대한 윤리적이고 정치적인 실천이다. 자유롭다는 것은 어떤 권력으로부터 해방되었다는 것이 아니라 스스로 자기 자신을 지배하고 다스리는 관계를 확립했다는 것을 뜻한다. 그런 점에서 그는 자신의 노예도 아니고, 자기 욕망의 노예도 아니며 타인의 노예도 아니다.(푸코 외, 『미셸 푸코의 권력이론』, 107쪽) 권력은 결코 전지전능하지 않다. 수많은 혁명의 역사가 증명하고 있고, 촛불봉기도 이를 증명한다. 우리는 권력 때문에 뭘 못하는 게 아니라 권력 때문에 더 엄격하고 깊이 있는 사고와 실천을 할 수 있는 것이다. 생각해 보라. 도대체 규율권력과 통치권력은 왜 그렇게 많은 지식들을 생산하고 있는지. 만일 권력관계가 조사의 형태들과 분석의 형태들 그리고 지식 모델의 형태들을 수없이 산출해 왔다면, 이는 권력이 진지하기 때문이 아니라 무계획적이기 때문이고 난국에 처해 있기 때문이다. 경찰력, 군사력, 정보기관, 학교, 감옥, 감시체계, 행정체계 등 그렇게 많은 통제와 감독의 체계가 발전되어 온 것도 바로 정확히 권력이 무능하기 때문이다.(『미셸 푸코의 권력이론』, 294쪽) 그러므로 저항은 권력에 대해 외재하는 것이 아니다. 권력이 있는 곳에 저항이 있고, 저항이 있는 곳에 권력이 있다.

권력의 무능은 권력에 내재하는 것이지 누가 권력을 약하게 해서 그런 게 아니다. 그러므로 투쟁은 권력이 작동하는 모든 곳에서 벌어져야 한다. 우리가 누군가를 주체로부터 배제하면서 자신의 주체성을 확립하고 있다면, 또는 자신의 주체성을 고차적인 완성보단 우상숭배에 종속되게 하고 있다면, 욕망의 접속을 통해 더 많은 능력을 갖는 대신 욕망을 포기하고 해부하게 만드는 조건 속에 놓여 있다면, 바로 그곳에서 투쟁해야 한다. 이 미시적이고 일상적인 투쟁은 어느 누구의 지도하에서도 일어날 수 없다. 편재하는 권력이라면, 권력의 참모본부가 없다면, 당연히 투쟁은 광범위하고 다층적이며 동시적인 형태를 띠어야 한다. 권력은 실체가 아니고 작동하는 것이므로 작동 형식을 바꾸면 우리는 우리 삶에 유용하고 유익한 권력관계 속에서 살 수도 있는 것이다.

권력 없이는 아예 살 수도 없지만, 특정한 권력의 정치적 형식 아래서는 잘 살 수가 없다. 권력을 맹목적으로 부정해서는 안 되지만, 그렇다고 권력의 특정한 배치에 대해 맹목적이어서는 안 된다. 세상은 더 고귀해지고자 하는 힘과 비속해지고자 하는 힘의 투쟁이 계속되는 게임의 공간, 냉혹한 게임의 공간이다. 이것이 니체가 말하는 삶이다.

저항 없이 자유가 없듯이, 싸움 없이 위대한 삶은 불가능하다. 위대한 삶에 싸움이 있어야 하듯이, 자유로운 삶에도 저항이 있어야 한다. 그러나 저항은 권력에 대한 부정이 아니라 권력의 특정한 작동기제의 변형이다. 그리고 이것은 먼 미래의 일이 아니라 지금 당장의 문제다. 자유의 실천은 늘 가능하고, 당장 가능해야 한다. 세상을 획일적으로 장악하는 초월적 권력이 없다는 사실이야말로 우리에겐 차라리 희망이다. 지금 이 순간 권력의 편재를 바꾸는 투쟁이 곧 세상을 바꾸는 투쟁이기 때문이다. 세

상을 단번에 변혁시킨다는 사고방식의 포기야말로, 지금 이 순간
의 일상적이면서도 근본적인 혁명을 가능하게 만드는 것이다.

근대적 자기 테크놀로지 : 너를 포기하라

그렇다면 권력의 근대적 배치를 넘어설 수 있는 가능성은 어떤
것인가? "자유의 사려 깊은 실천"으로서의 윤리적 주체를 알아보
기 전에 먼저 근대적 주체성의 특징을 점검해 보자. 이 과정 속에
서 우린 근대적 주체를 넘어서는 하나의 비전을 탐색할 수 있을
것이다.

주체는 주체화(化, 즉 주체는 명사가 아니라 동사다)의 결과물
이며, 주체화를 작동시키는 것은 특정한 권력의 테크닉(형식)이
다. 권력의 형식은 즉각적인 일상생활에 적용되어 개인을 범주
화하고, 개인을 자신의 개별성에 의해 특징지우며, 개인을 자기
고유의 정체성에 밀착시키고, 그가 인정해야 하고 타인들이 그에
게서 인식해야 하는 진리의 법칙을 그에게 부과한다.(푸코 외, 『미셸 푸코
의 권력이론』, 92쪽) 푸코가 말하는 '주체'는 개인이 자신과 특정한 관계
에 묶이면서 동시에 타인에게 종속되는 특정한 양상을 의미한다.
주체화의 과정은 복수적(複數的) 힘들이 유동적으로 가동되는 장(場)이
라 하나의 주체가 형성되기 위해서라도 힘들(권력)의 작동과 압
력은 계속적으로 가해져야 한다. 따라서 바로 이 '장' 속에 권력의

변화 가능성이 항존하는 것이다.

가령 광인과 정상인, 범죄자와 '착한 소년'의 분할은 개인들 사이에서만 이뤄지는 게 아니라 주체 내부에서도 계속적으로 진행되는 과정이다. 주체가 자신과 맺고 있는 관계 속에서, 그리고 주체가 자신을 특정한 대상으로 간주하고 있는 관점 속에서 광인과 정상인의 분할이 지속적으로 행해진다. 내가 아직 유아적 욕망에 고착되어 있는 것일까? 내가 혹시 범죄자의 욕망을 갖고 있는 것은 아닐까? 이런 자기 물음 자체가 자신을 대상화하고 있다는 증거이고, 자신을 비정상인과 구별되는 정상인으로 구성하고 있다는 증거다. 섹슈얼리티의 문제도 마찬가지다. 불온한 욕망에 대한 자기 점검은 개체로 하여금 스스로를 정상적인 성적 주체로 전환시킨다. 그러나 이런 주체가 고정된 형상일 수는 없다. 권력관계의 변화에 의해 끊임없이 유동적으로 변이할 수 있는 게 주체다. 그래서 주체는 하나의 동사적 과정이지 명사적 실체가 아니다. 인간은 자기와 타인에 대한 특정한 관계(복종 혹은 지배)와 특정한 지식(진리)을 생산하는 주체가 되지만 그것은 늘 권력의 계속적 작용과 권력관계의 변이 가능성 속에서일 뿐이다.

남성권력에 대한 여성의 투쟁, 자식을 지배하는 부모의 권력에 대한 투쟁, 정신병자를 지배하는 정신의학에 대한 투쟁, 인구를 지배하는 의학권력에 대한 투쟁, 사람이 사는 방식을 지배하는 생권력에 대한 투쟁은 모두 이 권력과 주체의 문제를 둘러싼 투쟁이라 볼 수 있다. 다시 말해 자기관계와 타자관계의 특정한 양상을 조절하는 권력의 테크닉에 대한 투쟁인 것이다. 이러한 투쟁과 저항은 자기관계의 측면에서는, 나를 취조하고 해석하고 분석하게 하는 대상화의 권력 대신 나를 고양시키는 새로운 주체화 권력에 대한 욕망일 것이다. 그리고 지식(진리)의 측면에서는, 국가나 신이 요구하는 진리에 복종하는 주체화 대신 나의 운명을 헤쳐 나가는 데 유용한 진리, 진리와 더불어 살 때 자유로워지는 그런 주체화의 양식에 대한 욕망일 수 있는 것이다.

실체로서의 주체가 아니라 형성되는 주체, 주체와 타자 간의 고착된 관계가 아니라 주체와 타자의 변이 가능한 관계에 대한 분석이 푸코 권력 개념의 핵심이다. 그리고 이러한 권력관계의 변이는 그리스의 자기 배려의 주체, 기독교의 금욕적 주체, 자기해석학에 몰두하는 근대적 주체, 인구로 관리되는 생권력의 주체 등 다양한 신체성과 시간성을 갖는 주체를 형성해 왔다. 유동적인 힘들의 전투라고 할 수 있는 권력관계는 자기와 자기(동시에 타자)의 관계를 매번 특정한 역사적 형식 속에 형성하려는 바로 그 지점에서 작동한다. 자기와 자기의 관계, 그것은 곧 자기와 타자의 관계와 다르지 않다. 내가 비정상인이 아니라고 규정할 때 그것은 곧 내가 비정상인이라는 타자를 배제하고 있다는 뜻이다. 따라서 권력관계는 자기와 어떻게 관계를 맺을지, 동시에 타자와 어떤 관계를 맺을 것인지에 대한 윤리적 문제이자 정치적 문제이다.(푸코

『주체의 해석학』, 284쪽) 그렇다면 근대적인 권력체계의 특징은 무엇인가?

근대적 권력 시스템으로는 사법체계, 규율권력, 안전기제가 있었다. 금지된 것과 무질서를 중심으로 작동하는 사법체계든, 해야 할 규범을 중심으로 작동하는 규율권력이든, 혹은 표준을 중심으로 인구라는 종적 요소를 관리하는 안전기제든 모두 근대적 '자기'self 지배와 타자 지배의 특정한 테크놀로지이다. 이러한 근대적 테크놀로지의 가장 큰 특징을 푸코는 '자기 포기'의 형식이라 규정한다. 사회적 규범과 법, 국가에 복종하는 방식 이외에는 결코 '자기'를 구성할 수 없는 것이 근대적 주체의 운명이다. 가령 국민으로서 자신을 호명하는 태도는 비국민이 아님을 증명하는 부정적 '자기 개시'의 형태라고 할 수 있다. 내가 국민의 정체성을 적극적으로 갖고 있다기보다는 저런 이주노동자나 외국인이 아니라는 부정적인 규정을 통해 자신을 정의하는 것이 부정적 자기 개시다. 우리는 대개 타자에 대한 부정을 통해 자신을 규정한다. 광인이 아니라고, 범죄자가 아니라고, 동성애자가 아니라고, 일탈자가 아니라고 말하면서 자신의 정상성을 규정한다. 그러나 규율권력의 작동 속에서 보았듯이 규범적 척도에 맞춰진 인간은 자신의 생산적 능력만을 발휘할 뿐 다른 예술적·정치적 힘은 박탈된다는 사실을 볼 때, 정상성 자체가 하나의 박탈이자 자기 포기다. 근대적 주체는 자신을 드러내자마자 동시에 자신을 포기해야 한다. 바꿔 말하자면 자기 포기의 방식으로만 자신을 개시해야 한다. 근대적 통치의 기본적 모델이었던 기독교의 사목 권력도 마찬가지다. 지도자에 대한 절대적 '복종'과 신의 '진리'를 통한 '구원'의 길은 극단적인 자기 포기를 전제한다. 따라서 기원 후 5, 6세기부터 근대까지 자기의 테크놀로지는 신(또는 국가)의 진리와 지배를 위한 개인의 자기 포기에 있다고 할 것이다.

그렇다면 문제는 이렇다. 과연 자기 포기의 형태만이 주체 성의 역사에서 필연적인 것인가? 우리에게는 이런 권력의 기제 를 변형시킬 다른 가능성은 없단 말인가? 푸코가 기원전 5세기~ 기원후 5세기의 역사를 고찰했던 것도 이런 까닭이었다. 기독교 가 지배하고(기원후 5세기경) 그것이 근대적 권력 시스템으로 전 환되기 전 약 1천 년의 시간 동안 전혀 다른 자기self 테크놀로지가 있었다는 것, 자기 포기에 의한 자기 개시가 아니라 '자기 배려' souci de soi의 자기 테크놀로지가 있었다는 것이다. 푸코는 주체성의 역사를 주체와 진실(지식)이 맺는 관계의 역사 속에서 해명하는 데, 특정한 '진리의 놀이'가 교체되는 것이 주체성의 역사이면서 권력의 역사라는 것이다. 간단히 기독교의 진리 놀이를 살펴보 자. 신의 계시와 성서를 통해 전해지는 진리의 담론에 접하기 위 해서 개인은 자신의 욕망을 해부하면서 거기서 해독된 자신의 진 실을 목자에게 고백해야 하고, 이런 과정을 통해 자기 자신을 완 전히 포기하는 단계에 이르러야 한다. 그렇지 못할 때 구원에 대 한 약속은 보장되지 않는다. 기독교적 세계의 주체가 되기 위해서는 진리를 위해 주체의 변형이 요구되지만 기독교적 모델은 그 변형의 내용으로 철저히 주체의 자기 포기를 요구한다.

　이와 별로 다르지 않은 근대적인 진리의 모델을 보자. 근대의 진리는 주체의 행위와 분리되어 있다. 아무리 대단한 인식이 있어도 그것은 결코 주체의 변화와 관련을 맺지 않는다. 요즘 대학의 풍토를 보면 익히 알 수 있다. 진실의 담론은 생산적이고 지배적인 요소로는 중요하지만 각 개체에겐 삶을 변화시킬 원동력으로 작용하지 않는다. 주체의 외부에 있으면서 자기 증식하는 진리의 놀이. 지식(진리)의 생산을 위해 자기 포기되어야 하는 주체. 그렇다면 주체와 진리의 다른 관계는 없는가? 근대적인 주체 형식을 넘어서는 방법은 없는 것인가? 푸코가 헬레니즘 시대의 실천적 윤리에서 발견하는 '자기 배려의 주체'가 하나의 답이 될 수 있을 것이다. 진리와 관련해서 말한다면, 여기서는 진리에 도달하기 위해 무엇보다 주체의 변형이 요청되며, 주체의 변형은 자기 포기가 아니라 주체의 완성*이 된다. 그리고 진리는 주체와 무관한 인식활동의 대상이 아니라 주체를 구원하는 관계에 놓이게 된다. 자기 배려는 기독교적이고 근대적인 권력기제의 자기 포기

---

* 여기서 '완성'이라는 개념은 형이상학적 목적론을 의미하지 않는다. 규정된 하나의 규범이나 표준이 없기 때문에 종결 지점이 있을 수 없으며, 만약 있다고 하더라도 그것은 시간적 완성이 아니라 능력의 완성을 뜻한다. 그러나 아무리 능력의 완성이라고 하더라도 주체의 변형을 위한 주체의 노력은 삶의 지속 기간 내내 계속되어야 한다.

형태 대신 자기 변형과 자기 완성을 촉발하는 윤리적 실천이었다. 주체가 삶을 바꾸지 않고는 결코 진리에 도달할 수 없으며, 진리는 늘 주체의 변화를 요청한다. 주체와 진리와 삶과 구원이 긍정적으로 상호작용하는 주체의 형식, 이것이 우리가 근대적 주체 형식의 대안으로 모색하고 있는 자기 배려의 주체 형식이다.

자기 배려 : 단 한 번도 되어 본 적이 없는 존재 되기

자기 배려? 자기만 돌보겠다고? 자기 배려는 얼핏 들으면 너무 이기적이고 개인적인 윤리처럼 들린다. 자기를 돌보기, 자신을 존중하기, 자신과 친구 되기, 자신 안에서만 쾌락을 추구하기, 자신과 더불어 지내기의 뜻을 갖고 있는 자기 배려는 이기적인 윤리학이 아니지만 실제로 이기적인 윤리학으로 규정된다. 까닭은 서구 주체성의 역사의 특정한 형식이 지배적이었기 때문에 그렇게 된 것이다. 앞에서도 말했듯이 자기 포기의 윤리가 지배적일 때 자기를 돌보고 자기를 배려하는 윤리학은 고립된 이기주의의 윤리가 되고 마는 것이다.

구체적으로 우선 윤리적 측면에서는, '비이기주의 도덕'에 기초한 주체성의 형식이 자기 배려의 윤리를 이기적인 윤리로 생각하게 만든다. 기독교가 자기 포기와 신을 위한 희생을 구원의 조건으로 간주했다면, 근대는 자기보다 타자와 사회, 집단과 국가를 윤리적 의무의 선차적 대상으로 간주했다. 따라서 기원후 근대까지 주체성의 윤리를 규정한 것은 구조상으로 보면 보편적인 비이기주의 윤리의 맥락이라고 할 것이다.(푸코, 『주체의 해석학』, 57쪽) 근대적 윤리학은 철저히 이타적 윤리를 바탕으로 한다. 자유를 말할 때도 타인의 자유를 침해하지 않아야 한다는 전제를 먼저 설정하듯이, 근대적 윤리는 비이기주의 도덕에 기초해 있다. 그렇기 때문에 '자기 배려'는 이기주의적인 도덕, 그리하여 비윤리적인 개념으로 간주된다.

철학적인 측면에서는, 진실을 획득하기 위해서라도 '자기 수련'이라는 주체의 변형이 중요했던 '영성'spiritualité의 경험*이 진실에 대한 접근에 있어 오로지 '인식'만이 중요해지는 단계로 변했기 때문이다. '데카르트적 순간'이라는 철학적 경험은 그 전형적인 표현인데 이 순간과 함께 주체가 진실에 접근할 수 있는 조건이 오직 '인식'이 되어 버린다. 자기를 배려하기 위해서라도 우선 자기를 인식해야 하지만 이 자기 인식이 그 종속성에서 벗어나 자기 배려를 뒤덮어 버린 사건이 "데카르트적 순간"이다. 진실의

---

* '영성'은 주체가 진실에 접근하기 위해 치러야 하는 대가를 구성하는 정화, 자기 수련, 포기, 시선의 변환, 생활의 변화 등과 같은 실천 전반을 의미한다. 영성은 세 가지 특징이 있다. 먼저 주체는 진실의 능력이 없다는 것(데카르트가 주체의 진리 능력을 의심하지 않았다는 점과 비교해 보면 굉장히 큰 차이다), 그래서 진실을 획득하기 위해서 주체의 변형이 있어야 한다는 것. 마지막으로 주체를 변형시키기 위해 자기에게 가하는 자기 수련이라는 장기적인 노력이 있어야 한다는 것(푸코, 『주체의 해석학』, 58~60쪽).

역사에서 '근대'는 오로지 인식만이 진실의 접근을 허용하는 순간에 시작된다. 달리 말해 철학자는 자신의 주체 존재를 변형시키라는 요청도 전혀 받지 않은 채 자기 자신 안에서, 또 오로지 인식행위만을 통해서 진실을 확인할 수 있고 또 진실에 접근할 수 있게 된 것이다.(『주체의 해석학』, 61쪽) 그리하여 주체가 자신의 존재를 경유해 가로지르고 변형시키는 진실의 '회귀효과'를 통한 주체의 계명 지점, 완결 지점, 변형의 순간은 이제 더 이상 존재하지 않게 된다.(『주체의 해석학』, 63쪽) 인식만이 중요해지고, 대신 자기를 돌보고 배려하고 변형시키고 완성시키는 자기 배려의 실천적 측면이 사라지면서 자기 배려는 역사적 지층 속에 망실되어 버린 것이다.

그렇다면 "자유의 사려 깊은 실천적 윤리"였던 자기 배려가 이기적인 윤리가 아니라면 과연 어떤 것인가? 자기 배려는 훌륭한 통치자가 되기 위한 교육이나 무지를 타개하기 위한 교육적 목적도 있었지만 그보다는 직업을 막론하고 모든 사고와 불행, 불운, 몰락 등을 품위 있게 견뎌낼 수 있도록 개인을 교육하는 데 더 주안점이 있었다. 지식만을 쌓는다고, 인식 능력이 뛰어나다고 그 삶이 주는 불행한 사건들에서 벗어날 수 있는 건 아니다. 차라리 삶은 불행의 연속이다. 이렇게 자기 배려는 한정된 직업적 목표에 따른 교육이 아니라 "사건들에 직면한 개인들의 기반"이자, 실수나 악습을 교정하는 자기 실천이었다. 그래서 '교육-지식'보다 '교정-자유'가 중요했고, "단 한 번도 되어 본 적이 없는

자기"가 되기 위해 자신을 수정해 가는 실천이었다. 따라서 자기
배려는 의학적 원리이기도 했다. 원래 좋은 윤리는 좋은 의학이
고, 좋은 철학인 것이다. 특히 에피쿠로스에게 철학하기는 "진리
를 통해 치료하고 치유하기", 다시 말해 정념pathos을 치료하는 과
정이었다. 의사의 치료와 구분되었던 철학적 치료thérapeutique는 덜
신체적인 치료였으며 "자기 자신의 충실한 종복 되기, 자기를 경
배하기"의 단계에 이르고자 하는 치료였다.

따라서 자기 배려의 윤리학은 당연히 "노년의 중요성"에 무
게를 두게 된다. 연령상의 노년이라기보다는 노년이 갖는 의미,
즉 "자기 자신에게서 완전한 기쁨을 얻을 수 있는 자, 자신에게 만
족할 수 있는 자, 모든 즐거움과 만족을 자기 내부에 설정하는 자"
라는 노년의 긍정성을 획득하는 게 인생의 목표가 되는 것이다.
노년은 "자아가 자기 자신에 도달하는 지점, 자기가 자기를 만나
는 지점이며, 또 자기가 자기 자신에게 완숙하고 완결된 지배 및
만족의 관계를 설정하는 지점"이다. 젊다고 해도 늙어야 하는 까
닭은 죽음으로 하여금 습격하게 하는 게 아니라 죽음이 오기 전
에 생을 완성 단계에 도달하게 해야 했기 때문이었다. 자기 배려
의 실천 속에서 주체는 진리에 대한 인식에만 머무는 게 아니라
진리를 자신의 신체 속에 각인시키고, 매번 운명적 사건 속에서
도 노년의 안정감을 갖고 의연히 실행적으로 대처하는 주체가 되
는 것이다. 쾌락이나 아첨, 사건과 사고 속에서 자신을 잃고 살아

가는 주체는 자신과 홀로 있지 못하는 주체다. 그러나 자기 배려의 주체는 자신과 홀로 있을 수 있기에 정념에 지배되지 않고 사건에 흔들리지 않는 것이다.[*]

　그렇다면 근대적인 통치와 자기 배려의 통치 간에는 어떤 차이가 있는지 살펴보도록 하자. 자기 배려는 자기에 대한 통치와 치료, 그리고 이를 통한 타자의 통솔이라는 연관된 세 가지 테크닉을 갖고 있다. 가령 군주는 타자를 지배해야 하는 한에서 자신을 지배해야 하고, 도시와 시민과 자신의 병을 치유해야 했다. "군주는 자신의 병을 치유하면서 도시국가를 통치하듯이 자기 자신을 지배한다." 즉 자기 치유와 자기 지배, 그리고 타자 통치는 결코 분리될 수 없는 윤리적 통합태였다. 그러나 16세기에 이르러 국가이성을 중심으로 한 새로운 통치기술은 자기 통치와 의학, 타자의 통치를 철저하게 구분한다.(『주체의 해석학』, 281쪽) 의학은 자기와의 관련성을 잃고 타자의 치료에 국한되고, 타자의 통치는 정치권력의 문제가 되거나 여러 규율권력의 작동으로만 드러난다. 그리고 자기 통치는 타자와 자기 치료와의 연관성을 잃고 금욕적

---

[*] 앞으로 설명하겠지만 자기와 홀로 있다는 것은 개인적 고립을 뜻하지 않는다. 자기와 홀로 있지 못하는 자들은 늘 타자의 아첨이나 도덕적 규범, 국가의 명령을 먼저 수행하려 달려들고, 이에 따라 자기 자신을 잊는다('자기 포기'). 자기를 잊지 않고, 자기와 홀로 설 수 있는 능력이야말로 타자와 윤리적 관계를 맺을 수 있는 능력이다. 그리고 그 반대도 마찬가지다.

자기 지배나 개인주의적 고립으로 후퇴하는 것이다.

자기 배려의 주체를 더 명확히 그려 보기 위해 기독교적이고 근대적인 주체와 비교해 보는 방법을 택해 보자. 진리, 구원, 복종 이렇게 세 차원에 걸쳐 주체에 어떤 차이가 있는지 알 수 있다면 우리는 지금의 주체 존재 방식을 변형시킬 수 있는 잠재적 능력을 얻게 될 것이다. 먼저 구원의 측면에서 볼 때, 자기 배려가 구원과 맺는 관계는 죽음에서 생명으로, 유한성에서 불멸성으로, 악에서 선으로처럼, 갑작스러운 단절과 변화를 수반하는 자기 포기의 기독교적 구원과 다르다. 자기 배려를 통해 완성된다는 것은 점차적이고 끈질긴 노력에 의한 것이지 갑작스럽게 새로운 존재로 변화되는 그런 이원론적 도약과는 관련이 없다. 자기 배려의 실천에서 구원은 "주체가 자기 자신에게 가하는 항구적 행위"였으며 자신을 구원했다는 것은 부패나 악으로부터 벗어났다는 부정적인 가치보다는 모든 사건과 공격, 노예나 지배 상태로부터 벗어나 자유와 독립성을 회복했다는 뜻이다. 이렇게 하여 "자기에 대한 절대적 지배력 행사의 상태"에 있는 것이 구원이었다. 따라서 자기 자신의 구제는 평생에 걸쳐 전개되어야 하며, 그 유일한 실행자는 주체 자신이 된다. 구원의 상태에 도달하면 자기 자신 외에는 아무것도 필요하지 않은 상태, 즉 아타락시아(동요의 부재), 아우타르케이아(자족)의 보상을 받는다고 한다. 이런 점에서 볼 때 자기 배려에서는 자기 포기라는 자기관계가 있을 수 없고, 자기 자신으로 회귀하여 자신을 더 고차원적으로 높이는 과정만이 있었다. 행여 이런 회귀의 과정 속에서 주체에게 어떤 단절의 지점이 보인다고 해도 그것은 악한 존재에서 선한 존재라는 기독교식의 내부적 단절보다는 불필요한 욕망을 자극하는 외부와의 단절을 의미했다.

다음으로 진리(지식)의 차원에서 차이를 살펴보자. 당시 '삶의 기술'tekhne tou biou은 진실에 접근하기 위해 자아를 어떻게 변형시켜야 할 것인가의 문제였다. 진리를 위해 주체의 변형에 접근하는가 아닌가 하는 것이 잘 사는 문제의 핵심이었다. 반면 근대에 접어들어 중요한 것은 진리를 '사유'할 수 있는 조건이었다. 주체의 자기 해부가 얼마나 진실한가에 따라 진리가 결정되었으며, 삶과 분리되어 그저 '사유'에 그치는 것이 진리였다. 그것은 인식의 문제이지 실천의 문제가 아니었고, 당연히 이론과 실천이라는 이분법이 생길 수밖에 없었다. 그래서 푸코는 주체가 진실에 접근하기 위해 어떤 방식으로, 어떤 대가로, 어떤 절차에 따라 자신의 존재 방식을 변화시켜야 하는가의 문제로부터 어떻게 그리고 어떤 조건하에서 진리를 사유할 수 있을까 하는 문제로 완만히 이탈해 가는 과정이 서구 철학의 전반적 역사였다고 말한다.(『주체의 해석학』, 211쪽) 그래서 기독교에서는 영혼의 상태를 잘 살피는 게 중요하고, 근대철학에서는 의식상의 실수나 오류는 없었는가 하는 점이 관건이 된다. 만약 영혼에 죄악이 있는데도 몰랐다면, 이성에 광기가 있었는데도 몰랐다면 그것이야말로 크나큰 죄악이고 오류가 되는 것이다. 이렇게 기독교와 근대의 주체-진리의 관계는 의식(영혼)에 대한 앎이냐 아니면 사물(세계)에 대한 앎이냐의 구분을 통해 전자를 더 중요한 것으로 평가한다. 그러나 자기 배려에서는 그 앎이 사물이든 세계든 인간이든 신이든 상관이 없다. 문제는 앎의 대상이 어떤 영역의 것이냐 하는 점보다는 그것이 주체의 존재 방식을 어떻게 변형시켜 줄 수 있을 것인가였다. 따라서 거기서는 주체의 변화를 더 중요하게 여기는, 윤리시학적 éthopoétique 주체를 위한 자기 인식과 앎이 문제가 되었던 것이다.

마지막으로 복종의 차원에서 구별해 보자. 자기 배려는 인식만이 아니라 실천적 측면을 강조하는데, 이것은 특히 '고행'askesis의 개념과 관련된다. 기독교적 고행이 절대적 타자인 신의 말씀을 절대적 진리로 여기고 이것을 듣기 위해 자신을 포기하고 초극해야 하는 무한한 전진운동이라면, 헬레니즘적 고행은 이와 전혀 다르다. 신이나 선배나 법규와 규범에 대한 절대적 복종이 아니라 자기의 주인이 되기 위한 일시적 복종, 자유로워지기 위한 복종이라는 점, 그리고 고행도 자기 포기보다는 자기가 소유하고 있지 않은 것을 갖춰 가는 획득과 구축의 과정이라는 점에서 다르다. 우리는 자기 배려의 윤리학이 어떤 원칙을 갖고 전개되었다는 사실은 인정할 수 있으나 그 원칙이 어떤 규범적 코드나 법률의 형식으로 규정된 것이 아니라는 사실에 주목해야 한다. 우리는 대개 법과 법의 형식을 인간 실천의 질서 내에서 모든 규칙의 일반적 원리로 간주하는 경향이 있는데, 이런 점에서 우리는 법의 지배로부터 벗어나지 못하고 있다. 법보다 삶을 우위에 두는 방법, 나아가 법 없이 살 수 있는 삶의 테크닉을 창안해야 한다. 푸코의 관점에 따르면 법은 자기 테크놀로지의 한 양태에 불과하다. 자기와 자기의 새로운 관계, 자기와 타자의 새로운 관계를 발명할 수 있다면 우리는 법의 형식을 띠지 않는 윤리적 규칙과 함께 살 수 있을 것이다. 자기 배려의 윤리는 법적인 보편성보다 학파나 종파의 실천적 필요에 따라 다르게 정초되었고 갱신되었던 것이다.(『주체의 해석학』, 147~148쪽)

고대의 고행은 기독교적 박탈과 제거보다는 장비paraskeue의 구축과 관련되는데, 장비는 기계적 수단을 뜻하는 게 아니라 생의 사건들에 대처할 수 있는 진실의 담론을 의미한다. 이 장비는 법이나 규범 혹은 신의 진리처럼 주체 외부에서 강요되는 명령의 형태가 아니라 거의 근육 속에 각인되듯이 언제든 운용될 수 있게 행동의 원칙으로 수중에 존재해야 하는 것이었다.* 법은 법

---

* 권투선수가 체조선수의 동작을 배울 필요가 없듯이 주체가 자기 배려의 완성에 도달하기 위해서 모든 진리의 담론을 장비로 삼을 필요는 없다. 보편적인 법규범과 같은 외재적 정언명령이 인생의 위험한 사건에서 아무런 도움이 안 되듯이 자기 배려의 주체는 자신의 삶에서 겪는 사건에 즉각 대처할 수 있는 자기만의 진리의 장비를 자기에게 맞게 근육에 각인하듯 새겨 넣어야 하는 것이다.

을 아는 전문가에겐 전술적 수단이겠지만 일반인에겐 삶을 가두는 족쇄가 되기 쉽다. 그러나 자기 배려의 장비, 즉 그 진실의 담론은 삶의 요청 속에서 나오는 것이고, 삶의 문제를 해결하기 위해 등장하는 것이므로 주체 바깥에 법의 형식으로 있을 수도 없고 법적 전문가에게 위임될 수도 없는 것이다. 기독교적 고행이 죄나 타락, 유혹 등 자기 안의 적에 대해 경계태세를 갖추게 하고자 한다면, 고대의 고행은 외부 세계의 적수들, 즉 사건과 싸울 채비를 하게 운동선수를 훈련시키듯 하는 것이었다. 참된 담론이 단순히 인식의 수준에 머무르는 게 아니라 logos(진리의 말)에서 ethos(윤리)로 변형될 수 있게 하는 것이 고대적 고행과 장비구축의 핵심적 의미라고 할 수 있다.

그렇다면 배려해야 할 '자기'는 무엇일까? 먼저 초기 그리스에서는 대표적으로 영혼이 된다. 가령 의사의 행위와 비교해 보자. 자신과 환자의 아픔을 치료하고 신체를 배려하는 이런 행위는 자기 배려가 아닐까? 의사가 배려하는 것은 자신의 신체이지 자기 자신이 아니다. 따라서 자기 배려에 들지 않는다. 또한 가정을 관리하는 가장의 배려도 자기 배려에 속하지 않는다. 그것은 소유하고 있는 사람이나 재산을 돌보는 일에 불과하기 때문이다. 연인과의 관계는 어떨까? 누군가 연인을 배려한다고 할 때 그건 대개 연인에게 완전히 흡수되어 버린 상태를 뜻하기 쉽기 때문에 자기 배려는 아니다. 자기 배려는 자신의 육체와 적성, 능력을 사용하

는 행위의 주체가 자신의 영혼을 배려하는 것이다.(『주체의 해석학』, 99쪽)*

그러나 헬레니즘 시대에 접어들면 배려의 대상이자 목적으로서의 '자기'는 영혼과 신체를 아우르는 개념이 된다. 따라서 플라톤적인 자기 배려가 영혼의 신성함을 기억하는 문제에 그쳤다면 스토아나 에피쿠로스 학파 등에게서는 영혼과 신체의 훈련을 통해 삶의 불행한 사건들에 초연해질 수 있는 상태에 도달하는 것이 된다. 주체는 훈련을 통해 자신의 과오들을 점검하고 교정하는 기나긴 고행을 거쳐야 한다. 그러나 자기 자신에 몰두하는 이런 행위가 사목적인 의미에서 자기 영혼의 악행을 해독하고 인식하는 것이 아니라는 사실에 주의해야 한다.** '자기'는, 해독해야 하는 지식의 대상이라기보다는 자신이 도달해야 할 목표인 '자기'와 현재 얼마나 멀리 떨어져 있는지, 즉 어떤 오류와 혼란의 상태에 있는지 경계해야 할 대상인 것이다. 자기가 도달해야 할 것으로서의 '자기', 그 '자기'와의 사이에 놓인 거리를 인식하고 정신과 신체가 분산되지 않도록 하는 훈련이 자기 배려인 것이다.

---

* 자기 배려의 대상이자 목적으로서의 '자기' 개념에 대해서는 이외에도 『주체의 해석학』, 247~260쪽 참조.
** 기독교적이고 근대적인 의미의 '자기'를 다음과 같은 관계 속에서 정리할 수 있을 것이다. "자기에 대한 관계의 다른 양태들, 즉 종말, 타락, 악에 입각하여 윤리적 실체를 특징짓는 양식, 한 인격적 신의 의지이기도 한 일반적 법률에의 복종 형태 속에 예속화되는 양식, 영혼의 해독과 욕망의 정화적 해석학을 함축하는 자기에 대한 노고의 양식, 자기 포기를 지향하는 윤리적 완성의 양식 등."(푸코, 『성의 역사3 : 자기에의 배려』, 270쪽)

궁사가 목표물을 쳐다보듯이, 혹은 육상선수가 골인 지점에 집중하듯이 그렇게 주의하고 의식해야 하는 것이지 해부하고 고백해야 할 '자기'가 아닌 것이다.

새롭고 자유로운 주체 : 코뮌적으로 실험하라

자기 배려가 비록 자기 자신의 완성에 도달하는 것이라고 해서 전적으로 혼자만의 실천일 수는 없다. 다시 말해 자기 실천이 규정하는 형식이 실제적으로 그 대상인 자기에 도달하고 또 자기로 채우기 위해 타자는 필요 불가결했다.(『주체의 해석학』, 161쪽) 자기 배려의 완성에 이르기 위한 타자는 다름이 아니라 스승이라는 존재였다. 스승은 개인의 개혁과 개인이 주체로서 자신을 구축하는 일을 "지도하는 자"이고 개인과 그의 주체적인 구축과의 관계를 "매개하는 자"이다. 물론 우리는 스승만을 타자라고 생각할 필요는 없다. 오히려 타자일 수 있는 자, 즉 개체로 하여금 자신을 포기하게 하고 국가와 자본과 권력에 종속되게 하는 모든 타성을 깨뜨리는 자를 타자, 즉 스승이라고 생각해야 하리라 믿는다. 자기 배려는 스승과 제자의 교육-교정의 네트워크에 바탕을 두고 행해졌다는 게 헬레니즘 시대의 특징이다. 이 스승-제자의 공동체는 자기 배려가 없는 자를 자기 배려에 이르게 하기 위해 존재하는 현실적인 교육 시스템이라고 할 수 있다.

자기 배려가 없어 교정이 필요한 자를 '스툴투스'stultus라 부르는데 그는 '자기와의 무관계'를 특징으로 한다.* 그는 외부 세계에 열려 있어 외부의 표상의 바람이 불어올 때면 아무런 검토 없이 받아들이는 자이다. 따라서 자연히 그는 시간 속에 분산된 자일 수밖에 없다. 그는 아무것도 기억하지 못하며 자신의 생을 흐르도록 방치하는 자이고, 기억할 가치가 있는 것을 다시 기억하면서 생을 통일성 쪽으로 유도할 수 없는 자이다. 그리하여 그의 생과 실존은 기억이나 의지 없이 마냥 흘러가고 만다. 기억도 의지도 없기에 생활 방식의 부단한 변화만 있지 일관된 방향을 형성하지 못한다.**

시간 속에 분산돼 생의 통일성이 없기에 당연한 결과로 스툴투스는 "품위 있게 욕망할 수 없다." 품위 있게 욕망한다는 것은 자유롭고 절대적이며 항구적인 의지를 갖는다는 뜻이다. 스툴투스는 외부의 표상들에 좌우되기 때문에 자유로운 욕망을 가질 수 없다. 그리고 스툴투스는 뭔가를 욕망해도 금방 후회하기 때문에 욕망하면서도 평온하지 못하다. 그런 점에서 그는 절대적으로 욕

---

* '스툴투스'에 대해서는 『주체의 해석학』, 165~168쪽 참조.
** 서둘러 늙자고 하는 세네카의 말은 이런 맥락에서 읽을 수 있다. "사실 나이와 함께 생활 방식을 바꾸어 청소년기에 어떤 생활 방식을 갖고, 성년이 되어 다른 생활 방식을, 노년이 되어 또 다른 생활 방식을 갖는 것처럼 해악적인 것이 없다."(『주체의 해석학』, 166쪽) 따라서 스툴투스는 노년의 완성이라는 목표를 향해 생을 지향시키지 않으면 안 된다.

망하지 못하는 존재다. 절대적으로 욕망한다는 것은 동시에 여러 가지를 욕망하는 게 아니라 하나만을 줄기차게 욕망하는 것이기 때문이다. 끝으로 스툴투스는 욕망하지만 무기력 속에서 욕망하며 게으름 속에서 욕망하기 때문에 그의 의지는 계속적으로 끊기고 목표도 변하게 된다. 따라서 그는 지속적으로 욕망할 수 없는 자이다.

자유롭고 절대적이며 항구적인 의지, 즉 품위 있는 욕망의 대상은 명성이나 쾌락 혹은 외부의 표상이 아니라 자기 자신이어야 한다. 따라서 스툴투스는 자기를 욕망하지 않는 자이고 그러므로 본질적으로 욕망하지 않는 자이다. 스툴투스를 자기와의 관계 속에 진입하게 하는 데 바로 스승이라는 타자의 매개와 개입이 필요한 것이다. 당시에 자신을 주체로 구축하는 데 필요한 타자는 사람들을 지배하는 유일한 자, 사람들을 통치하는 자들을 통치하는 유일한 자인 철학자가 된다. 무소니우스Musonius Rufus는 이렇게 말했다. "철학자는 인간의 속성에 일치하는 사물과 관련해 만인의 인도자이다."

이런 점에서 자기 배려는 혼자만의 고독한 실천이 아니라 공동체적 학습과 교정의 실천을 요구하는 윤리적 훈련이었다고 할 수 있다. 그들은 학파를 형성한다든가 종교적 단체를 구성한다든가 하는 방식으로 공동체적 삶을 통해 이를 실천했다고 한다. 우리는 이를 '코뮌'이라는 '제도적 매개'와 관련시켜 해석해 볼 수 있을 듯하다.* 에피쿠로스 학파는 엄격한 위계질서를 갖추고 있었고 현자를 제일인자로 하는 공동체였다고 한다. 자기 배려의 실천에서는 이처럼 자기 배려의 능력자와 무능력자의 실행적 분할과 위계에 의한 공동의 교정적 과정이 중요했다. 선물을 주고받는 공동체적 관계로서의 코뮌. 그러나 나는 코뮌의 선물이 물질적인 것이라고 생각지 않는다. 근대적 주체 형식을 넘어서는 윤리의 관점에서 볼 때 선물은 다름이 아니라 바로 이 자기 배려의 능력이라고 할 수 있을 것이다. 코뮌은 자본과 국가권력에서 탈주해 자본과 국가에 기대지 않고 살기 위해, 혹은 자본과 국가에 의해 박탈된 자기 배려 능력의 증가를 이루기 위해 구성된 공동체라고 할 수 있다. 그리고 코뮌의 바탕에는 자기 배려의 상이한 정도에 따른 위계적 구성이 자리 잡고 있다. 이 공동체는 어떤 신분이나 경제적 능력의 차이도 인정하지 않는다. 대신 자기 배려 능력의 차이, 다시 말해 자기 완성의 능력 차이에 따른 구분만이 있을 뿐이다.

코뮌이 선사하는 선물은 기존의 삶을 깨뜨리는 망치, 즉 자기 배려의 능력이지 다른 재화나 권력이 아니다. 근대적인 권력의

---

* 들뢰즈는 구체적으로 분석하고 있지는 않지만 푸코가 새로운 주체성의 문제에 두었던 관심과 동시에 이 문제와 관련된 "새로운 공동체 형식을 향한" 관심도 "분명 본질적인 것"이었다고 주석을 달고 있다(들뢰즈, 『푸코』, 174쪽 각주 45).

편제 속에서 자신을 포기하고 타자를 배제하는 보통의 인간들, 즉 자기 배려의 능력을 망실한 수많은 사람들을 새로운 존재로 변이시킬 수 있는 것이 바로 코뮌이 선사하는 선물이다. 자기 배려의 능력자는 누구든 스승이 될 수 있으며, 누구든 그에게 배워야 한다. 만약 이것이 전제되지 않는 코뮌이라면 그런 공동체는 곧 기존의 사회와 하나도 다를 바가 없게 될 것이다. 바로 대학이라는 공간이 대표적이지 않은가. 여기서 삶과 인식은 완전히 분리되어 있어, 어떤 인식의 양도 삶의 능력과는 일치하지 않는다. 그런데도 위계적 권력의 구도는 강고하게 가부장적으로 형성되어 있어 어떤 변이의 가능성도 허락하지 않는다. 인식이 삶을 바꿀 수 없는 공간, 그래서 위계의 확인과 위계 상층부로의 상승 혹은 도태 이외에 어떤 삶의 변이도 없는 공간이 바로 대학이다.

우리를 변이시켜 줄 수 있는 자, 그런 자가 스승이라면, 그리고 코뮌이 변이를 위한 삶의 공동체라면 코뮌은 결코 닫혀 있어서는 안 된다. 스승은 늘 외부에서 찾아와야 하며, 우리 내부에서도 자라나야 한다. 사회적으로 수많은 소수자들과의 연대가 코뮌에 필수적인 것이 이런 까닭이다. 사회적 권력의 문턱을 그 누구보다 더 섬세하고 명확히 감지하는 소수자들, 그들만이 우리의 타성적 삶을 돌아볼 수 있게 하고, 코뮌의 문이 닫히는 것을 막아준다. 국가와 국민이라는 권력의 문턱 앞에서 좌절한 이주노동자들, 정상과 비정상의 문턱에 좌절한 장애인들, 남성과 여성의 문턱에 좌절한 여성들, 그리고 아이들, 청소년들, 대학생들, 농부들, 어민들 등. 수많은 소수자들이 우리의 타자, 우리의 스승이 될 수 있다.

코뮌은 신분과 경제력에 따른 선별이 없으므로 만인에게 열려 있을 수 있지만 분명히 배제의 메커니즘도 존재한다. 자기 변형의 요청을 받아들이고 적극적으로 자기 변형을 수행하지 않는 자들은 코뮌이 선사하는 '구원'의 혜택을 보지 못한다. "호소의 보편성과 구원의 희귀성." 이는 기독교에서도 마찬가지다. 누구든 신을 믿을 수 있으나 신의 구원을 받는 자는 소수다. 근대적 권력의 배치 속에서의 삶이 자신의 삶을 파행으로 몰아갔다면 적극적으로 새로운 삶으로의 변신을 추구해야 한다. 그것이 바로 '구원'이다.

코뮌은 원자적 개체들의 집합도 아니고, 유기적으로 구성된 전체주의적 집단도 아니다. 코뮌은 개인 자체의 완성이나 전체 목적의 달성에 종속된 공동체가 아니라, 복합체 속에서 개체들의 다른 속도와 그 속도 차이가 만들어 내는 주체의 변이를 추구하는 공동체다. 그리고 이런 변이에 도달하기 위해서 코뮌은 무지를 앎으로 이끄는 스승보다는 주체의 존재 방식 자체를 변형시키는 타자, 교육의 원래 의미인 '끌어내기'éducation의 타자인 스승과의 교육적 관계를 중요하게 여겨야 한다. 그러므로 코뮌에서의 '공부'는 박학다식보다는 존재의 변형을 위한 것일 수밖에 없다. 공부를 통한 변이의 네트워크, 이것이 코뮌적 우정의 네트워크다. 헬레니즘 시대의 '우정'은 개인과 개인의 관계가 아니었으며, 한 사람을 중심축으로 하지만 그의 주변에 여러 사람들이 각기 자신의 위치를 점유하고 있는 구조였으며, 그 위치도 각자의 노력에 의해 변화하는 구조였다고 한다.(『주체의 해석학』, 186쪽)

따라서 자기 배려의 윤리학을 적용해서 코뮌을 이렇게 정의할 수 있을 것이다. 구원되기를 원하는 자들의 공동체, 자기 존재를 변형시켜 자기를 지배하고 자신의 주인이 되기를 욕망하는 자들의 우정의 공동체. 이것이 근대적 주체 형식이 지배적인 공간에서 그 공간의 외부를 직접적으로 형성하고 실천하는 윤리학이자 정치학이 될 것이다. 타자를 배제하고 자기를 해부하게 하는 근대적 힘들의 배치를 주름지게 해서 그 힘들로 하여금 자기를 통치하면서 동시에 타자와의 윤리적 관계에 들어서게 하는 것, 이것이 근대를 넘어서는 코뮌의 능력이다. 새로운 주체의 자유를 만끽하고 싶다면 당장 작은 코뮌을 구성하는 새로운 실험에 착수하라. 그 누구도 대신 해줄 수 없는 그 구원의 실험을.

참고한 책들

미셸 푸코,『감시와 처벌』, 오생근 옮김, 나남, 2003.

_____,『광기의 역사』, 이규현 옮김, 나남, 2004.

_____,『비정상인들』, 박정자 옮김, 동문선, 2001.

_____,『사회를 보호해야 한다』, 박정자 옮김, 동문선, 1998.

_____,『성의 역사1 : 앎의 의지』, 이규현 옮김, 나남, 2004.

_____,『성의 역사3 : 자기에의 배려』, 이혜숙 · 이영목 옮김, 나남, 2004.

_____,『주체의 해석학』, 심세광 옮김, 동문선, 2007.

미셸 푸코 외,『권력과 지식 : 미셸 푸코와의 대담』, 콜린 고든 편, 홍성민 옮김, 나남, 1997.

_____,『미셸 푸코의 권력이론』, 정일준 편역, 새물결, 1995.

이수영,『섹슈얼리티와 광기』, 그린비, 2008.

질 들뢰즈,『푸코』, 허경 옮김, 동문선, 2003.

질 들뢰즈 · 펠릭스 가타리,『천 개의 고원』, 김재인 옮김, 새물결, 2001.

_____,『카프카: 소수적인 문학을 위하여』, 이진경 옮김, 동문선, 2001.

프리드리히 니체,『바그너의 경우/안티크리스트/니체 대 바그너』(니체전집 15), 백승영 옮김,
책세상, 2002.

_____,『선악의 저편/도덕의 계보』(니체전집 14), 김정현 옮김, 책세상, 2002.

Michel Foucault, *Security, Territory, Population : Lectures at the Collège de France,
1977~1978*, trans. by Graham Burchell, Palgrave Macmillan, 2007.